남순동자 구법여행 ❷

남해안 108 성지순례

남순동자 구법여행 ❷

남해안 108 성지순례

김용덕

북마크

성지순례 길을
여는 마음

순례라는 말이 품고 있는 의미는 단순한 여행의 차원을 넘어 더 깊고 무거운 뜻을 품고 있다. 순례는 종교의 발상지 또는 성인의 무덤이나 거주지 같은 유 적을 방문하여 참배함을 이르는 말이다.

순례는 종교 수행의 한 방편이다. 석가·공자·예수 같은 성인들도 한때 천하를 주유하면서 깨달음을 얻어 인류의 스승이 될 수 있었다. 보통 사람들도 여행을 통해서 다양한 지식을 얻고, 자기를 돌아보는 시간을 통해 한 단계 성장하는 경험을 한다. 서양에서 '자식을 진정으로 사랑한다면 재산을 물려주지 말고 여행을 시키라.'는 속담은 여행이 삶의 지혜를 주고, 인생의 나침반이 됨을 말해준다.

왜 순례를 하는가? 순례하는 목적은 사람마다 의도하는 바가 다를 것이다. 순례의 본뜻에는 종교적인 목적이 있으므로 순례하는 마음가짐이 무엇보다 중요하다. 짧은 기간 불교성지 순례를 통해서 부처님이 깨달은 언저리만이라도 다가갈 수 있다면 행운일 것이다.

나는 1200년 동안 이어지는 일본 시코쿠 '오헨로' 순례 길을 걸으며 내내 한국의 순례 길을 머리에 이고 걸었다. 귀국해서 바로 순례 길 닦는 과업을 착수하지 못하고 차일피일 미루다가, 《장자》에서 '도는 실천해야 이루어진다(道行之而成).'라는 구절이 눈에 들어왔다. 물론 여기서 말한 '道'는 더 깊은 의미를 지니고 있지만 '道'를 단순히 길로 해석하였다.

　순례 길 여는 자세는 서산 대사가 일러주었다.

踏雪夜中去 눈 덮인 밤길을 걸을 때는
不須胡亂行 함부로 어지럽게 걷지 마라.
今日我行踏 오늘 내가 걷는 길은
遂作後人程 반드시 뒷사람의 길이 되리니.

　여기서도 서산 대사가 말하고자 하는 은유적인 뜻을 취한 것이 아니라 표면적인 의미만 받아들였다.

순례라는 화두가 머릿속에서 떠나지 않다가 문득《화엄경》〈보문품〉에서 선재동자가 깨달음을 얻기 위해 선지식을 찾아 떠나는 구법여행 장면이 떠올랐다. 선재동자는 남쪽으로 구법여행을 떠났으므로 '남순동자'라고도 부른다. 남순동자가 53(또는 54) 선지식을 만나러 구법여행을 떠난 곳이 남해이듯 남해안을 따라 순례 길을 열어야겠다고 생각이 정리되었다. 대상 사찰은 옛절(古刹)인 전통사찰 중에서 남순동자가 만난 54선지식의 배수이며 108번뇌를 벗어나는 의미로 108사찰을 대상으로 삼았다.

　어쩌면 이 남해안 따라가는 순례 길은 프루스트의 시 〈가지 않은 길〉처럼 누군가에게 인생에서 뜻깊은 길이 될지도 모른다.

　숲속에 두 갈래 길이 있었네.
　나는 사람들이 적게 간 길을 택했네.
　그것이 내 모든 것을 바꾸어 놓았네.

《남해안 108 성지순례》길을 걷는 순례자는 떠나는 순간 남순동자가 된다. 모든 순례자들이 지나간 삶을 되돌아보면서, 앞으로 걸어갈 길을 환히 밝혀줄 등대 하나씩 세우는 구법여행이 되기를….

CONTENTS

6장. 하동, 남해, 고성, 창원의 전통 사찰 순례 길

7장. 마산, 창원, 김해의 전통 사찰 순례 길

8장. 부산의 전통 사찰 순례 길

054 ~ 108

숲속에 두 갈래 길이 있었네.
나는 사람들이 적게 간 길을 택했네.
그것이 내 모든 것을 바꾸어 놓았네.

남해안 108

성지순례

5장

여수, 광양의 전통 사찰 순례 길

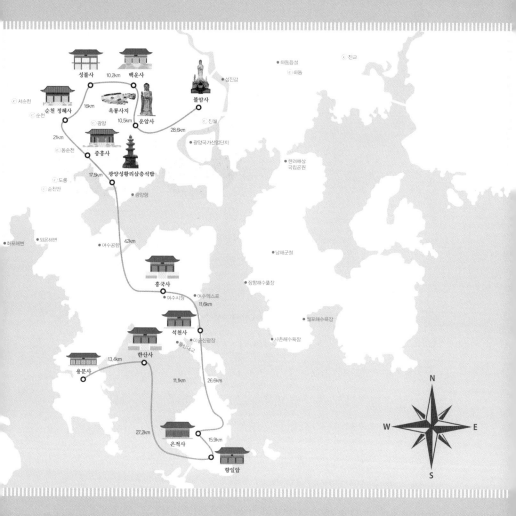

고흥 팔영산 능가사 ⇨ 34km ⇨ 여수 비봉산 용문사 ⇨ 13.4km ⇨ 여수 구봉산 한산사 ⇨ 27.2km ⇨ 여수 돌산 항일암 ⇨ 15.9km 여수 돌산 은적사 ⇨ 26.6km ⇨ 여수 미래산 석천사 ⇨ 11.6km ⇨ 여수 영축산 흥국사 ⇨ 42km ⇨ 광양 구봉산 용장사(성황리 삼층석탑) ⇨ 17.5km ⇨ 광양 중흥산성 중흥사 ⇨ 21km ⇨ 순천 계족산 정혜사 ⇨ 16km ⇨ 광양 백운산 성불사 ⇨ 10.2km ⇨ 광양 백운산 백운사 ⇨ 10.5km ⇨ 광양 백계산 옥룡사지, 운암사 ⇨ 28.6km ⇨ 광양 불암산 불암사(무등암) ⇨ 23km ⇨ 하동 금오산 마애불

여수 비봉산

용
문
사

　용문사는 비봉산 중턱에 포근하게 안겨 있는 절이다. 전설에 따르면 비봉산에서 내려온 용이 절을 통과해 바다로 들어갔다고 한다. 용이 바다로 들어간 문이라는 뜻으로 절 이름을 용문사라고 불렀다. 용문사에서 보면 여수 앞바다가 한눈에 시원하게 펼쳐 보인다.

　용문사는 신라시대(962년, 효소왕 1년) 때 중국 고승 도증 법사가 세웠다는 설이 있으나 기록이 남아있지 않아 확인할 수 없다. 다른 설에는 원효 대사가 창건했다는 이야기도 있다. 이 사찰의 유일한 기록문인 〈용문암중수서〉에는 신라 때 창건되었다고만 기록되어 있다.

　절은 퇴락되었다가 일제 강점기인 1914년 경담 스님이 사세를 확장하였다. 이때 이 지역에서 집집마다 10전씩을 시주받아 절을 중수하였다고 한다. 1967년 혜월 스님이 관음전·산신각·종각을 새로 건립하여 절의 면모를 일신시켰다. 1999년 성문 스님이 대웅보전 · 삼성각 · 연화당 등을 중창하였다. 성문 스님은 해마다 가을에 정기적으로 작은 산사 음악회를 열어 지역민들에게 많은 호응을 얻고 있다.

용문사는 현재 대웅보전 · 관음전 · 설선당 · 연화당 · 삼성각 · 요사 등의 건물이 있다. 대웅전은 팔작지붕 다포계 건물로 정면과 측면이 3칸인 정방형 건물이다. 대웅전에는 본존불인 석가모니불 좌우로 관음보살과 지장보살을 모셨다.

관음전은 정면 5칸, 측면 3칸의 맞배지붕 건물이다. 목조관음보살좌상은 1993년 잃어버렸다. 뒤에 이 불상을 포함해 불교문화재 11점을 숨겨온 사립박물관 관장과 그의 아들을 붙잡아 되찾았다. 목조관음보살좌상은 옷주름 처리와 얼굴, 신체 비례 등이 균형을 이루고 있다. 동으로 만든 좌상은 전체 크기가 75㎝(좌대 22㎝, 몸체 53㎝)다.

용문사는 규모가 작은데도 신도들의 활동이 왕성하다는 사실을 확인

용문사 대웅전

할 수 있었다. 내가 절을 순례하는 날이 마침 입춘 기도일이어서 절은 신도들로 붐볐다. 예불 후 식당에는 입춘 기도를 온 보살들이 점심 공양을 하고 있었다. 오후에 방생을 간다며 신도회에서 접수하는데 줄을 서서 등록한다.

용문사 신도회의 봉사 활동은 지역의 복지 시설을 찾아 자원봉사와 후원 활동을 꾸준히 이어가고 있다. 신도 층이 비교적 젊으며, 특히 여수 석유화학 산업단지 근로자들의 목우회와 지역의 남자신도회인 유마회가 있다.

용이 들어갔다는 용문사 앞 바다

남해안 108 성지순례

055

여수 구봉산

한
산
사

　한산사는 여수 구봉산 동쪽 능선에 있다. 구봉산은 아홉 마리 봉황이 이곳에서 승천했다는 전설이 있어서 붙여진 이름이다. 한산사 대웅전 뜰에 서면 여수 앞 바다가 한눈에 시원스레 들어온다.

　절의 창건은 고려 때 보조국사 지눌이 1195년(고려 명종 25년)에 세웠다고 〈한산사충창서〉에 기록되어 있다. 임진왜란 때는 수군과 의승군이 함께 주둔했던 호국사찰의 역할을 했다. 근대에 들어서 1931년 환해 스님이 보광전과 칠성각을 짓고, 보광전에 관음보살을 봉안했다. 1964년에 범종각을 짓고 1982년에 범종을 새로 조성했다. 원래 절에 있던 범종은 1750년(영조 26년)에 주조한 것으로 보고 있다. 한산사 종은 그 소리가 맑고 은은하여 저물녘에 들려오는 종소리를 한산모종(寒山暮鐘)이라 하여 여수 팔경 가운데 하나로 꼽는다.

절에는 대웅전 · 칠성각 · 용왕각 · 요사 등의 전각이 있다. 대웅전은 앞면 3칸, 옆면 3칸의 팔작지붕 건물이다. 안에는 석가모니불과 관음보살, 지장보살을 협시불로 모셨다.

칠성각에는 칠성탱화 · 산신탱화 · 독성탱화를 봉안하고 있다. 칠성탱화는 아미타불 뒤에 걸린 괘불로, 중앙에 치성광여래를 배치하였다. 하단 왼쪽에는 일광보살, 오른쪽에는 월광보살이 협시하고 있다. 이 보살들 옆으로 칠원성군을 두었다. 화면 중단에는 왼쪽에 넷, 오른쪽에 셋의 칠성여래가 서 있고, 그 위로는 칠성계의 여러 성중을 표현하였다.

산신탱화는 칠성각 내부 앞면 왼쪽에 있다. 불단에는 왼손으로 긴 지팡이를 잡고 앉아있는 목조산신상이 있고, 그 뒤에 산신탱화가 걸려 있다. 폭포수가 쏟아지는 암벽을 배경으로 왼쪽 바위 위에 노송이 서 있고,

한산사 용왕각

남해안 108 성지순례

자개로 만든 용 조각

그 아래에 호랑이와 산신을 배치하였으며, 시중을 드는 두 동자가 호랑이 뒤쪽에 있다.

불단에는 우견편단(右肩偏袒)에 왼쪽 무릎을 세우고, 왼손에 큰 염주를 든 나반존자가 생각에 잠겨 있다. 뒤에 걸린 독성탱화는 붉은 가사를 걸치고 있는 나반존자가 두 그루의 커다란 소나무 아래 앉아있는 모습이다.

056

여수 돌산

향
일
암

향일암은 돌산읍 금오산에 있는 화엄사의 말사다. 향일암이라는 이름은 남해의 수평선에서 솟아오르는 해돋이 광경이 아름다워 붙인 이름이다. 향일암은 우리나라 4대 관음기도 도량으로 유명하다.

향일암이 있는 금오산은 거북이가 경전을 등에 지고 용궁으로 들어가는 모습과 같아서 영구암(靈龜庵)이라고 불렀다. 절이 위치한 금오산은 기암괴석이 마치 거북이 등과 같이 틈이 갈라진 무늬가 있어서 신비한 느낌을 준다.

문헌 기록은 없으나 전설에 따르면 신라 때 원효 대사가 창건하였다고 한다. 처음에는 이곳에 원통자재한 관음보살이 머무르는 곳이라 하여 '원통암'이라 불렀다. 고려 때 윤필 대사가 금오암, 조선 숙종 때 인묵 대사가 향일암이라 개명하였다.

〈여수지〉에 보면 백여 년 전 금오산의 남쪽에 있던 절을 이곳으로 옮겨서 건축하고 책육암(策六庵)이라 불렀다. 책육은 곧, 육근(眼耳鼻舌身意)의 옳지 못한 행위를 경계하여 수행한다는 의미가 있다.

향일암을 오르려면 주차장을 지나 거의 40도에 가까운 돌계단을 십여 분 올라가야 한다. 겨우 한 사람 지나갈 만한 좁은 바위틈의 해탈문을 지나면 대웅전이 나온다. 절에는 대웅전을 비롯해 관음전 · 용궁전 · 삼성각 · 종각 · 요사가 있다.

사찰의 역사는 길지만 지금 문화재적 가치가 높은 유물은 남아있지 않다. 향일암은 그래서 전체를 전라남도 문화재자료 제40호로 지정하여 보호하고 있다. 그나마 2009년 12월 20일 자정쯤 이교도가 불을 질러 대웅전 · 종무실 · 종각이 전소되었다. 대웅전에 있던 청동불상과 탱화 등 상당수 문화재도 그때 소실되었다.

향일암 오르는 돌계단

새로 지은 대웅전은 앞면과 옆면이 3칸으로 된 팔작지붕이다. 안에는 청동석가모니불을 주불로 관음보살과 지장보살이 협시하고 있다. 영산회상도와 금니로 채색한 신중탱화가 있다. 관음전은 절의 가장 위쪽에 위치하고 앞 2칸, 옆 1칸의 작은 전각이다. 안에는 구리로 만든 관음보살상과 관음탱화를 봉안했다. 관음전 옆으로 해수관음보살입상과 동자상이 있다.

용왕전에는 현판이 '관음전'이라 붙어있고, 실제로는 용왕전으로 불리는데 이유를 모르겠다. 지하에 따로 법당을 마련하고 흥국사에서 옮겨온 아미타불상·신중탱·아미타삼존탱·독성탱을 모셨다. 삼성각에는 칠성탱과 산신탱을 봉안했다.

향일암 원통보전

남해안 108 성지순례

057

여수 돌산

은적사

은적사는 여수시 돌산읍 군내리 천왕산(중봉산) 중턱에 있다. 은적사(隱寂寺)는 뒤편에 바위가 병풍처럼 둘러있고, 주변에 후박나무·소나무·동백 숲이 둘러싸고 있다. 그러니 고요히 숨어있는 절, 은적사라는 이름이 어울린다.

절에 전해 내려오는 전설에는 고려 명종 때 보조국사 지눌이 홍국사와 함께 창건했다고 전한다. 근래 은적사를 중수할 때 나온 〈은적암중창상량문〉에 따르면, 이 절은 여러 차례 중창과 중수를 거듭했다.

일제 강점기에 거의 폐사된 절을 1951년 주민들이 뜻을 모아 중건하였다. 1975년 은적사 일원을 전라남도 문화재자료 제39호로 지정하였다. 절의 중요한 건물은 대웅전·삼성각·관명루·일주문·요사채 등이 있다.

대웅전에는 아미타불·관음보살·지장보살을 모셨다. 아미타불상은
유리상자에 모셔진 작은 좌상인데 1741년(또는 1791년)에 제작되었다.
후불탱화로 아미타탱화·관음탱화·지장탱화·신중탱화가 있다.

아미타삼존탱은 아미타불을 중심으로 관음보살과 지장보살 그리고
가섭과 아난존자를 그렸다. 지장시왕탱은 지장보살을 중심으로 도명존
자와 무독귀왕 십대왕 판관 2위·귀왕 2위·사자 2위·장군 2위·동자
2위로 구성하였다. 지장탱 화기에 철종 12년(1861년)으로 되어 있다.

칠성각은 대웅전 뒤편으로 고풍스럽게 자리 잡고 있다. 그 안에 모신
칠성신은 수명장수를 기원하는 신으로 원래는 도교의 신이다. 우리나라
에 들어와 전통신앙으로 자리 잡았고, 불교가 뒤에 들어와 받아들인 신
이다. 칠성신은 그 밖에도 재물과 재능을 주는 신으로도 믿어서 농사가
잘되기를 빌고 출세하게 해달라고 빌기도 했다. 불교에서는 도교의 칠성

신을 삼존불과 함께 칠여래로 모신다.

　절의 정문으로 쓰이는 관명루는 광해군 10년(1618년)에 올린 상량문이 있는 것으로 보아 이 절에서 가장 오래된 건물이다. 관명루에는 1790년, 1857년의 상량문도 있으므로 여러 차례 중수했음을 알 수 있다.

은적사 일주문

058

여수 미래산

석천사

석천사는 여수시 덕충동 미래산에 있는 전통사찰이다. 절 이름은 충민사 뒤편 큰 바위 아래에 있는 석천이라는 샘 이름에서 유래했다. 석천사는 이순신 장군을 기리는 사당 충민사와 담장을 경계로 하고 있다.

전하는 말로는 고려 때(1195년, 명종 25년) 보조국사 지눌이 창건했다고 한다. 《이충무공전서》에 따르면, 임진왜란이 끝나고 승군으로 충무공과 함께 수전에 참가한 의승군 대장 기암옥형·원정자운 두 스님이 정유재란이 끝난 3년 뒤(1600년) 충민사 곁에 석천사를 짓고 충무공을 기렸다.

두 스님은 승군대장으로서 군량을 조달하는 등 활약하다가 충무공 사후 초당을 짓고 제사를 지내며 일생을 마쳤다. 따라서 석천사는 충무공과 함께 생사를 같이한 승군들의 얼이 깃든 호국불교 사찰이라 하겠다.

임진왜란 뒤부터 근래까지 연혁은 전하지 않아서 절의 흥망에 대해서는 알 수 없다. 지금 건물은 1980년대 이후에 지은 것이고, 1990년대 진옥 스님이 주석하며 여수시의 위탁을 받아 문수복지관을 짓고 사회복지 사업을 활발히 펼치고 있다. 복지관에서는 주로 노인들을 위한 프로그램과 청소년 어린이들을 위한 다양한 교실을 열고 여러 가지 사회봉사 사업도 벌이고 있다.

　절에는 대웅전을 비롯해 의승당·천불전·종각·요사·객실 등 건물이 있다. 대웅전은 전에 있던 건물이 화재로 타서 1985년에 새로 지었다. 대웅전은 팔작지붕에 앞면 3칸과 옆면이 2칸 규모다. 안에는 삼세불과 삼세후불탱·칠성탱·지장탱과 동종이 있다.

　대웅전 옆의 의승당은 임진왜란과 정유재란 때 나라를 위해 목숨을 바

석천사에서 본 여수 앞 바다

승군을 추모하기 위해 지은 의승당

친 의승군들의 넋을 위로하고 호국정신을 기리기 위해 근래에 새로 지었다. 종각은 1983년에 지었고 요사는 오래되어 무너진 것을 1995년에 복원해서 지었다. 천불전은 1996년에 지어 천불 및 관음입상·인왕상·팔부신중을 봉안했다.

여수 영축산

흥
국
사

흥국사는 여수 영취산(영축산)에 자리한 호국사찰이다. 흥국사는 그
이름처럼 국가의 융성과 안녕을 기원하기 위해서 창건한 사찰이다. 그
래서 "이 절이 흥하면 나라가 흥하고, 이 절이 망하면 나라가 망한다."라
는 말이 전한다.

흥국사를 품은 영취산은 부처님이 마지막으로 법화경을 설법한 인도
의 영취산에서 따온 이름이다. 우리나라 산 이름에는 불교에서 온 이름
이 많은데 영취산이라는 이름을 가진 산도 여럿이다.

통도사를 품은 산 이름도 영취산이다. 경상남도 함양과 전라북도 장수
의 경계에도 영취산이 있고, 울산시와 울주군 경계에도 영취산이 있다.
천하명산 금강산은 산 이름부터 《금강경》에서 나왔고, 금강산에 있는 봉
우리들 문수봉·반야봉·관음봉·미륵봉·황천강·명경대 등이 모두

불교에서 나온 이름이다.

흥국사는 1196년(고려 명종 26년) 보조국사 지눌이 창건하였다. 보조국사가 무등산 규봉암에 머물며 결사를 행할 가람을 찾기 위해 비둘기 세 마리를 날려 보냈는데, 한 마리는 송광사로 한 마리는 흥국사로 날아가 그 자리에 절을 지었다고 한다. 나머지 한 마리는 어디로 갔는지 알지 못했다.

임진왜란과 정유재란 동안 기암 대사가, 이 절의 승려 300여 명을 이끌고 호남지방 의병과 승병 항쟁의 중심 역할을 하면서, 왜적을 무찌르는데 공을 세웠다. 임진왜란이 일어나자 지리멸렬한 관군의 모습을 보다 못한 의병과 의승군이 전국적으로 일어났다. 의승군은 공주 갑사에

흥국사 대웅전(보물 제396호)

머물던 영규 스님이 의병장 조헌과 힘을 모아 500여 명으로 청주성을 탈환한 것이 발단이다.

임진왜란 이전까지 승려는 억불숭유 정책으로 사람대접도 못 받는 천한 존재였다. 연산군 때는 대부분 강제로 환속당하고, 이단으로 몰려 겨우 명맥만 이어오던 불교였다. 그러나 나라의 운명이 풍전등화에 놓이자 버림받은 불교가 나라를 지키는데 목숨을 던진 것이다.

임진란으로 승병의 거점이 되었던 흥국사는 전쟁 중에 불탔다. 1624년(인조 2년) 계특 대사가 중창하고, 이후 여러 차례 중수와 중건을 거듭했다. 최근까지 천불전·공복루·영성문 등을 지어 오늘에 이른다.

흥국사는 대웅전을 비롯한 아홉 점의 보물과 여러 지방문화재를 보유하고 있다. 현존하는 당우로는 대웅전(보물 제396호)을 비롯하여 1645년에 건립한 팔상전과 불조전, 순조 때 건립한 원통전(전라남도 유형문화재 제45호), 그 밖에 응진전·무사전·첨성각·적묵당·심검당·노전·백련사·법왕문·봉황루·왕문·영성문 등 15동의 건물이 있다.

대웅전에는 목조석가여래삼존상(보물 제1550호)을 봉안하고 있으며, 후불탱화인 영산회상도(보물 제578호)는 1693년(숙종 19년)에 제작하였다. 대웅전 뒤쪽 벽에 백의관음보살벽화(보물 제1862호)가 있다. 벽화는 벽면 위에 직접 채색하는데, 이 벽화는 채색해 그린 불화를 다시 벽면 위에 붙이는 형식으로 제작하였다.

후불벽 뒷면의 관음보살도는 조선시대 불화의 특징이다. 후불벽 뒷면 관음보살 벽화는 전국적으로 무위사·내소사·운문사 등에 십여 점가량 이 존재한다. 흥국사 관음보살도의 특징은 배경이 되는 바위 대신 파도 위에 솟아오르는 연꽃 대좌가 묘사되어 있다.

대웅전에는 삼장탱화(전라남도 유형문화재 제299호)가 있다. 천장보살과 지장보살을 한 폭에 그린 천장지지보살도와 지장보살을 단독으로 그린 지장보살도로 구성되어 있다. 상계를 담당하는 천장보살, 하계를 담당하는 지지보살, 지옥을 담당하는 지장보살과 그 권속을 그린 탱화다.

응진당은 석가모니가 영축산에서 설법한 영산회상에서 유래한 전각이다. 그래서 영산전이라고도 한다. 원래 흥국사 응진전에는 정면 중앙에 석가모니를 주불로 영산회상도를 후불탱으로 걸었다. 주불 양쪽으로 십육나한의 소상을 배열하고 십육나한도(보물 제1333호)를 걸었다. 중앙의 영산회상도와 나한도는 도난당했다. 남아있는 나한도 여섯 폭은 안전을 위해 유물전시관에 보관 중이다.

원통전(전라남도의 유형문화재 제45호)은 관음전이라고 하지만 관음보살을 원통 대사라고 부르기도 하므로 원통전, 대자대비를 상징하므로 대비전이라고도 한다. 지금은 원통전에 최근에 그린 영산회상도가 후불탱화로 봉안되어 있다. 하지만 본래 이 자리에는 수월관음도(보물 제1332호)가 있었다.

다른 절에서 명부전 또는 지장전에 해당하는 전각에 무사전(無私殿)이라는 편액이 걸려 있다. 처음 본 전각 명칭이다. 사람이 죽어서 심판을 받는 명부는 지은 업에 따라 '공평무사'하게 심판받는 곳이므로 무사전이라는 이름을 붙인 것으로 보인다. 지장전은 저승의 심판관인 열 명의 판관(十王)이 봉안되어 있기 때문에 시왕전, 죽어서 심판받는 곳이 명부이므로 명부전이라고도 한다. 무사전에 봉안된 지장보살삼존상을 비롯한

흥국사 백의관음(보물 제1862호)　　　　흥국사 노사나불(보물 제1331호)

시왕상 모두(보물 제1566호) 1648년(인조 26년)에 조성하였다.

　흥국사 범종(보물 제1556호)은 1624년에 계특 대사가 절을 중건하면서 함께 봉안했던 종이다. 이 종은 오래되어 유물전시관으로 옮겼다. 지금 종은 1988년 범종각을 지으면서 성덕대왕 신종을 본떠 새로 조성하였다.

　귀부(전라남도 문화재자료 제258호)는 지대석 없이 흙바닥 위에 놓여 있다. 거북머리가 유달리 크고 불균형하여 기이한 느낌을 준다. 거북 등도 육각형 기하학적 무늬가 뚜렷하지 않으며 약간 불규칙하다.

　공북루(拱北樓)도 여기서 처음 본다. 공북루는 성의 북쪽 문에 있는 누각이다. 북쪽은 임금이 있는 곳이라 하여 공북이라 했다. 흥국사도 승병이 있었으므로 성문 역할을 했을 것이다.

의승수군유물전시관은 사찰 문화재의 도난 훼손 방지와 보존, 전시를 위해 만든 전시관이다. 전시관에는 노사나불괘불탱(보물 제1331호, 1759년)이 보관되어 있다. 십 미터가 넘는 거대한 화면에 노사나불 한 분만 단독으로 그린 불화이다. 노사나불은 머리에 화불이 있는 보관을 쓰고 있다. 색채가 선명하고 아름다우며 장식성이 돋보이는 세련된 그림이다.

　　유물전시관에는 경전 93권, 경판 236매가 보관되어 있다. 경판은 불교 경전 및 의식문 등을 다량으로 인쇄하기 위해 제작한 목재 경판이다. 의승수군유물전시관 2층에 화승 의겸과 그의 제자 등 많은 화승이 제작에 참여해서 그린 제석도가 있다. 수미산 꼭대기에 있는 도리천에서 사천왕과 32천을 통솔하면서 불법에 귀의하는 인간을 보호하고 아수라 군대를 정벌하는 제석천을 그린 그림이다.

　　이밖에도 중요 문화재로는 절로 들어가는 입구에 홍교(보물 제563호, 1639년)가 있다. 선암사 무지개다리가 많이 알려졌지만 흥국사 홍교는 지금까지 알려진 무지개형 돌다리로서는 가장 높고 길며, 주변 경치와도 잘 어우러지는 아름다운 다리이다.

광양 구봉산

용
장
사

　용장사는 언제 누가 지었는지 관련된 기록을 찾을 수 없다. 절 뒤쪽에 고려시대 후기에 만든 탑으로 짐작되는 삼층탑이 있다. 주지스님이 말하기로는 절이 여러 차례 불에 타서 없어졌는데 근년에 중건했다 한다. 절은 새로 지어서 깔끔하게 정돈되어 있다.

　흔히 '대웅전'이라는 현판을 다는데 한글로 '붓다의집'이라고 쓴 편액이 눈길을 끈다. 법당 안에는 삼존불을 모시고 뒤편에 관음보살·지장보살·문수보살·보현보살이 보처로 있다. 불상 좌우로 산신탱과 칠성탱을 봉안했다.

　대웅전 뒤쪽에 삼층석탑(전라남도 유형문화재 제5호)이 있다. 삼층석탑은 탑의 모양이 단아하고 안정된 자세로 서 있다. 탑의 상태는 비교적 훼손되지 않고 잘 보존되어 있다.

2층 기단을 쌓아 그 위로 3층 탑신을 올린 후, 3층 지붕돌 위로 노반(머리장식받침)·복발(엎어놓은 그릇 모양의 장식)·보주(꽃봉오리 모양의 장식)를 차례로 얹어 장식하고 있다. 탑의 몸체인 탑신석과 지붕인 옥개석이 층마다 하나의 돌로 이루어졌다. 각층 몸돌의 네 모서리에 기둥을 새겨 넣었다.

옥개석 아래 처마에 해당하는 옥개받침은 3단으로 조각했다. 옥개석 윗면은 급경사를 이루고 있다. 3층 지붕돌 위에는 구슬 모양을 한 장식물이 얹혀있으며, 아래와 위층 기단의 네 모서리와 각 면 가운데에는 버팀기둥인 탱주(撑柱)를 조각했다.

탑 높이는 2.64m이고 탑을 받치고 있는 지대석 길이는 1.5m에 달한다. 석탑 양식으로 보아 고려 말, 조선 초에 만들어진 것으로 추정된다.

용장사 대웅전(붓다의 집)

광양 중흥산성

중흥사는 통일신라 경문왕 때 도선 국사가 창건했다는 이야기가 전한다. 중흥사를 품고 있는 중흥산성은 고려시대의 산성이다. 중흥사 마당으로 이어진 곳에 작은 저수지가 있고, 주위에 삼나무가 우거져 있어 아름다운 경치를 보여준다.

중흥사는 임진왜란 때 승병과 의병이 주둔하여 중흥산성을 지켰다. 왜병과의 격전 끝에 승병들은 순절하고 절은 소실되었다. 그 뒤 비구니들이 작은 암자를 건립하여 명맥을 이어오다가 1943년에 다시 폐사되었다.

이후 1963년에 하태호(河泰鎬) 거사의 시주를 받아 중창하였다. 현재 남아있는 당우로는 대웅전을 비롯하여 산신각과 요사채 등이 있다. 쌍사자 석등과 삼층탑이 있는 자리가 원래 금당 자리였을 것으로 여겨진다. 대웅전은 다른 쪽에 축대를 쌓아서 새로 지었고 석등도 새로 조성하

중흥사 대웅전

여 세웠다.

이 절에는 원래 쌍사자석등(국보 제103호)이 있었으나 일본인이 반출을 기도하였다. 총독부에서 경복궁으로 옮겼다가 현재 국립광주박물관에 보존하고 있다. 비슷한 시기에 조성된 법주사 쌍사자 석등이나 합천 영암사 쌍사자 석등보다 크기가 작지만 조각 기법이 더 세밀하고 생동감이 넘친다. 체형 비율도 전체적으로 균형감각을 이루고 있어서 안정감이 있다. 지금 쌍사자 석등은 원래 있던 석등의 자리에 원형을 모조하여 세웠다.

현존하는 문화재로는 삼층석탑(보물 제112호)이 있다. 기단은 한 면을 둘로 나누어 여러 가지 상을 도드라지게 새겼다. 앞면에는 인왕상, 양쪽 면에는 사천왕상, 뒷면에는 보살상을 조각했는데 생동감이 느껴진다.

남해안 108 성지순례

1층 몸돌의 각 면에는 사방
불 여래상을 조각하였다. 동서
남북 방향에 따라서 동쪽에 약
사여래, 서쪽에 아미타불, 남
쪽에 석가모니불, 북쪽에 미
륵불을 새긴 것은 당시 사방불
신앙을 알 수 있게 한다.

중흥사 삼층석탑(보물 제112호)

탑의 꼭대기는 머리장식 받침인 노반이 남아있고 연꽃봉오리 모양의
보주가 있었다. 그러나 1980년대 도굴범들이 훼손하여 상륜부는 다른 곳
에 보관하고 있다. 상륜부인 노반과 보주가 없으니 탑은 전체적으로 하
대인 기단부보다 중대인 탑신부가 더 짧아 보여 균형감을 잃었다.

석조지장보살반가상(전라남도 유형문화재 제142호)은 도난을 우려하
여 유물관에 보관 중이다. 유물관에는 여러 탱화도 보존하고 있다. 탱화
들을 보면 오랜 역사가 담겨 있어 소중한 문화재라는 것을 한눈에 알 수
있다.

순천 계족산

정
혜
사

정혜사를 품은 계족산(鷄足山)은 산의 형세가 닭의 발 모양을 닮았다 하여 붙여진 이름이다. 그런데 계족산이라는 이름은 불교와 관련해서 붙여진 이름이 아닐까 하는 생각이 스친다.

가섭존자가 경전이 편찬되고 교단의 질서가 잡히자 "내 수명이 다하여 오래 머물지 못할 것이니, 이 정법안장을 아난에게 부촉한다." 하시고 계족산으로 들어갔다는 일화가 있다. 이후로 불교에서 계족산은 신성한 산으로 인식되었다. 불교가 중국에 처음 들어온 곳도 대리석으로 유명한 운남 대리에 있는 이해라는 호수의 계족산(창산)이다. 인도의 계족산으로부터 불교가 들어와서 산 이름을 계족산이라 불렀다고 한다.

대리 지방의 설 풍속 조사를 갔을 때 만년 설산인 계족산 아래에 우뚝 서 있는 대리3탑이 인상적이었다. 대리3탑은 아직도 머릿속에 생생하게 솟아있다. 광양의 계족산은 백운산 도솔봉 아래에 있다. '계족산'이라는 불교 명칭과 관련하여 잠시 생각이 머물렀다.

〈정혜사 대웅전 상량문〉(1854년, 철종 5년)에 의하면, 정혜사는 통일 신라시대 말에 가지산문을 개창한 보조선사 체징(804~880년)이 창건하였다. 여러 문헌에 정혜사는 큰 절이었다고 기록되어 있고, 지금도 주민들은 '큰절'이라고 부른다.

조선 후기 정혜사는 정유재란 때 화재로 소실되었다. 이후 대웅전을 비롯하여 여러 전각을 지어 가람을 중창하였다. 그러나 여순사건과 6·25 사변을 겪는 동안 국보급 괘불 등 귀중한 문화재들이 소실되었다. 부처님 진신사리를 봉안했다는 탑도 흔적 없이 사라졌다.

《신증동국여지승람》에는 정혜사에 "부처의 치아 사리가 있다."라고 하

정혜사 대웅전(보물 제804호)

정혜사 가섭당 귀갑문

였다. 금강산 건봉사에도 자장율사가 중국 오대산에서 가져온 치아 진
신사리가 있다. 스리랑카 캔디 시에 부처님 치아사리가 있는 불치사는
1년에 한번 치아사리를 코끼리 등에 싣고 시내를 돌아오는 페라하라 축
제를 벌인다.

 이 세계적인 축제는 마을마다 고유한 복색을 하고 햇불로 온갖 기예
를 벌이며 구경거리를 제공한다. 이 축제를 보려고 유럽을 비롯한 전 세
계에서 캔디 시민보다 훨씬 많은 관광객이 모여드는 것을 보고 놀랐다.

정혜사 대웅전(보물 제804호)은 정면 3칸, 측면 2칸의 다포계 팔작지붕으로 단아하고 중후한 건물이다. 대웅전은 장대석 기단 위에 막돌초석을 놓고 배흘림기둥을 세웠다. 기둥 사이마다 1구씩의 공포를 얹었는데, 공포의 아랫단에 놓여 있는 주두의 모양이 매우 독특하다. 계단 위에는 용머리 모양의 조각이 있고, 아랫부분에는 태극무늬를 띤 소맷돌이 남아 있다. 이는 조선시대 목조 건축의 여러 양식을 찾아볼 수 있는 중요 자료로서 건물이 상당한 격조를 갖추었음을 알 수 있다. 법당 바닥은 우물마루이고 천장은 빗천장과 우물천장으로 되어 있다. 문은 정면 3칸, 측면 앞 툇간에는 빗살 2분 합문을 달았다.

대웅전 현판은 김조순(1765~1832년)의 글씨다. 김조순이 쓴 대웅전의 현판은 순천 선암사에도 남아있다. 김조순은 순조의 장인으로 안동 김씨 세도정치의 기반을 놓은 인물이다. 이런 사람이 사찰 현판을 남긴 것은 정혜사가 세력가들의 외호를 받았음을 의미한다. 대웅전 안에는 아미타여래와 관세음보살, 대세지보살을 모시고 있다. 대웅전 목조삼존불상은 1725년(영조 원년)에 조성되었다.

수미단은 아름다운 조각으로 구성되었다. 팔공산 은해사 백흥암 극락전의 수미단(보물 제486호)과 비교된다. 수미단은 상중하 3단 구조로 되어 있다. 수미단의 문양은 다양한 용문과 동자·연꽃·국화·모란문 등의 꽃문양을 넣어 호화롭게 장식하였다.

광양 백운산

성
불
사

성불사는 백운산 성불계곡을 끼고 있는 고즈넉한 절이다. 성불사 주차장에서 약 2km에 이르는 성불계곡은 절경 중 절경이다. 사계절 산세가 수려하여 여름 골짜기로 흐르는 물은 발이 시리고, 가을 또한 단풍이 온 계곡을 불태운다.

성불사는 고려 때 도선 국사가 창건했다는 설이 전하나 확실한 근거가 있는 것은 아니다. 백운산 주변에 옥룡사지를 비롯해 도선 국사의 흔적이 많아서 성불사도 지었을 것이라고 믿었을 것이다.

성불사 주위로 기왓조각과 돌절구 등이 흩어져 있어서 꽤 큰 규모의 사찰이 있었을 것으로 짐작된다. 임진왜란 때 화마로 소실되어 복원한 것으로 보인다. 숙종 17년 광양 현감 임준석이 남긴 시를 보면 그때 절이 있었음을 확인할 수 있다.

百曲淸溪半日尋 물맑은 골짜기 돌고 돌아 반나절을 찾는데
白雲深處有鍾音 흰 구름 깊은 골에 종소리가 들리누나.
爲民齊沐同儒釋 백성을 보살핌은 유교와 불교가 같으니
天地神靈共昭臨 하늘과 땅의 신령이시여 다함께 살피소서.

그 뒤로 연혁은 없으나 폐사되어 1960년 초가 삼간으로 복원 불사를 시작할 때까지 빈터로 남아있었다. 경내에는 대웅전·관음전·극락전·사천왕문을 겸한 범종각·일주문·부처님 진신사리를 모신 오층석탑이 있다. 최근 범종각에 무게가 1,870kg이나 되는 종을 조성해서 달았다.

성불사 남순동자(선재동자) 벽화

| 064 |

광양 백운산

백
운
사

백운사는 동곡 계곡을 끼고 숲 사이로 난 가파른 길을 따라서 올라가야 한다. 동곡 계곡은 산이 높은 만큼 골도 깊어서 학사대를 비롯해 용소·장수바위·선유대 등 승경지가 연달아 펼쳐진다. 선동 마을을 지나면서 진입로가 좁고 꼬불꼬불한 길을 3km 남짓 올라간다. 만약 차량을 이용한다면 차량이 비켜 갈 만큼 폭이 넓지 않아서 초보 운전자는 부담스러운 길이다. 그렇지 않아도 최근 차가 낭떠러지로 굴러서 큰 사고를 겪은 후 도로 폭을 넓히는 공사가 2020년 12월부터 진행 중이었다.

백운산 자락은 뼈를 이롭게 한다는 '골리수(骨利水)→고로쇠'의 어원이 나왔다고 할 정도로 전국에서도 이름난 고로쇠 산지다. 상백운암에서 정상을 잇는 길은 억새꽃이 군락을 이루어 일대 장관을 이룬다. 백운사는 백운산 해발 900m 지점에 있다. 신라 말 도선 국사가 상백운암을

48   남해안 108 성지순례

지어 수행했다. 백운사 자리인 하백운암은 고려시대에 보조국사 지눌(1158~1210년)이 창건하고 말년에 은거하다가 입적한 곳이다. 백운사는 임진왜란 때 전소되었다. 1638년 (인조 16년)에 중건하였는데,

백운사 목조아미타여래좌상(뒷쪽)

1948년 일어난 여순사건 때 또 불에 탔다. 터만 남아있던 절을 1963년부터 9년에 걸쳐서 구산 스님이 중창하고 수행하였다.

이번 성지순례 길은 12월 초겨울로 접어들어 날씨가 영하로 떨어진 데다 바람까지 불어서 체감 온도는 더 낮았다. 백운사에 올라 서둘러 절을 둘러보고 내려오려는데, 주지스님이 방에서 나오더니 차나 한잔 하고 가라고 불렀다. 스님의 방으로 들어가 따뜻한 차를 마시니 추위에 꽁꽁 언 몸이 풀렸다.

스님에게 백운사에 얽힌 이야기를 듣다가,《효봉 스님 일대기》를 지은 저자라 말하니 대뜸 "김용덕 교수세요?" 하며 반색한다. 그리고 복사한 책을 가지고 왔다. 신도들이 《효봉 스님 일대기》를 찾는데, 품절이 되어서 복사하여 나누어 준다고 하였다.

《효봉 스님 일대기》는 1996년에 동아일보사에서 '근대 한국 인물 100인' 기획으로 나온 책이다. 100인 중에서 1차에 10명을 선정할 때 효봉 스님 이야기를 써달라고 청탁이 와서 펴낸 책이다. 그 후 효봉 스님 손상좌 현호 스님이 서울 법륜사에 계실 때 재판을 찍고, 다시 자료를 보완하여

세 번이나 출간한 책이다. 주지스님과 이야기를 나누는 동안 나도 효봉 선사 집안의 백운암 식구가 된 듯 편안함을 느꼈다.

대웅전은 2003년에 새로 지었다. 대웅전에 비로자나불을 주불로 삼 세불을 봉안하고 있다. 주지실 옆 거실에 별도로 보관하고 있는 목조아 미타여래좌상에 대해 주지 스님은 특별히 안내하였다. 이 불상은 18세 기 무렵에 조성된 작은 크기에 보관을 쓰고 항마촉지인을 하고 있는 보 물이다.

광양 백계산

옥룡사지, 운암사

옥룡사 터는 백운산의 한 지맥으로 뻗은 백계산 남쪽 중턱에 자리 잡고 있다. 절터 주변에는 도선 국사가 땅의 기운을 보강하려고 심었다는 수령 백 년 이상 된 동백나무 칠천여 그루가 7만㎡에 걸쳐 울창한 동백나무숲(천연기념물 제489호)을 이루고 있다. 나무 높이는 6~10m, 줄기 둘레 평균 50cm 정도로 나무의 생육 상태가 양호하다.

옥룡사지(사적 제407호)는 통일신라 말기의 고승이자 풍수지리의 대가인 선각국사 도선이 35년 동안 머무른 곳이다. 여기서 도선은 수백 명의 제자를 길러냈다. '옥룡(玉龍)'이라는 지명은 도선 국사의 호인 '옥룡자(玉龍子)'에서 유래했다.

전설에 의하면 이 절터는 큰 연못이었는데 아홉 마리의 용이 살면서 사람들을 괴롭혔다. 이에 도선 국사가 용을 몰아내는데 유독 백룡 한 마리가 말을 듣지 않았다. 그래서 지팡이로 용의 눈을 멀게 하고 연못의 물이 끓게 하여 쫓아낸 뒤 숯으로 연못을 메우고 절을 세웠다고 한다.

옥룡사는 1878년(고종 15년)에 화재로 천 년 이상 밝혔던 법등은 꺼지고 사역은 점차 폐허가 되었다. 일제 강점기에는 청주 한씨 문중에서 절터를 중심으로 주변 일대를 매입하여 선대의 묘지를 조성하고 재실을 지으면서 더욱 흔적을 잃었다. 부도탑 뒤에 아직도 무덤 흔적이 있다.

순천대학교 박물관에서 실시한 1994년 지표조사 및 1997년 발굴조사 결과, 도선 국사와 통진 대사 부도 및 비석 등을 확인하고 건물터를 확인하였다. 도선 국사의 것으로 추정되는 유골과 이 유골을 안장한 것으로 보이는 석관이 발견되어 당시 고승들의 장례 풍습을 알 수 있게 되었다.

옥룡사지

신라 말, 고려 초에 건립된 비석과 탑(부도)이 남아있는 부도밭에서 팔
각 바닥돌 아래 돌덧널 [石槨] 안에서 길이 95㎝, 너비 54㎝, 높이 48㎝인
석관이 출토되었다. 석관에서 도선 국사로 추정되는 인골이 물속에 잠
겨 있는 상태로 발견되었다. 아마 물속에 잠겨 있어서 뼈가 풍화되지 않
고 보존되었을 가능성이 있다.

옥룡사 절터는 지표조사만 해서 여러 건물터만 확인되었다. 이때 '옥
룡사(玉龍寺)' 등의 글자가 새겨진 기와 · 분청사기 · 순백자 등 많은 유
물이 출토되었다.

옥룡사지에서 가까운 곳에 운암사가 있다. 운암사는 옥룡사지에서 동
백나무 숲길을 따라 옥룡사의 쌍비가 서 있던 비석거리 아래 논이 시작

옥룡사지 연못

운암사 약사여래불

되는 자리에 있다. 운암사는 통일 신라 말에 옥룡사에서 도선 국사가 머물 때 수백 명의 제자가 그의 법문을 듣고자 몰려들어 공간이 부족하게 되었다. 그래서 몰려드는 인원을 수용하려고 인근에 운암사라는 사찰을 추가로 건립한 것으로 전한다. 또는 도선 국사가 효성이 지극하여 늙은 어머님을 모시기 위해 운암사를 세웠다는 이야기도 있다.

운암사는 여러 차례의 화재로 소실되었으나 절의 형세가 왕성할 때는 호남의 세 암자(승주 선암사 · 광양 운암사 · 영암 용암사)라 할 정도로 6세기 동안이나 사세를 이어왔던 것으로 보인다. 옥룡사 도선국사비의 음기에 당시 주지였던 지문 스님의 이름이 등장하는 것으로 보아 1150년경에 운암사가 존재했음을 확인할 수 있다. 현재는 1993년부터 종견 스님이 폐사지에 운암사를 지어 불사를 이어오고 있다.

운암사에는 거대한 약사여래불이 있다. 약사여래불 하단의 좌대 10m를 포함해서 불상 높이가 30m에 달해 총 40m이다. 우리나라에 현존하는 불상 중에 제일 큰 불상이라고 한다. 황동이 75톤이나 사용되었으며, 지금까지 가장 컸던 법주사 미륵의 높이 27m보다 훨씬 크다.

066

광양 불암산

불
암
사
(무등암)

　이 절은 광양에서 하동으로 건너는 섬진교 못 미쳐 왼쪽 불암산(431m) 북동쪽 경사면에 있다. 불암산 뒤쪽으로 불암산성이 있고, 앞으로 섬진강 줄기가 유유히 흐르는 모습에 가슴이 확 트인다. 절경에 도취되어 천상에서 동자가 내려와 춤을 췄다고 전해지는 섬진강이 시원스레 펼쳐 있다.

　절에서 운영하는 템플스테이는 벚꽃 축제 기간에는 신청자가 넘칠 정도로 인기가 있어 예약해야 묵을 수 있을 정도다. 불암사는 최근(2018년) 무등암이 사명을 바꾼 이름이다. 불암사는 하동 쌍계사의 말사로 근래에 지은 사찰이다. 이곳에 살던 홍사육 거사가 암자를 지어 유지해오다가 쌍계사 말사로 등록하였다. 이후 점차로 관음전·삼신전·석굴전·원통전·종각·요사 등을 지었다.

불암사 해수관음

섬진강이 내려다보이는 절 마당에 석탑과 해수관음상이 서 있다. 산 비탈 경사를 따라서 요사채 · 극락전 · 원통전 · 지장전 · 삼성각이 층층 이 자리 잡고 있다. 범종각은 1층에 종무소, 2층에 운판과 범종, 3층에 목 어와 법고가 있다.

불암사의 문화재는 대세지보살좌상(전라남도 문화재자료 제211호)이 있다. 보살상의 조성 연대(숙종 4년, 1678년) · 봉안처 · 조성 동기 · 시 주자 등의 중요 내용을 알 수 있다. 보살상의 크기는 62㎝로 작은 편이 다. 이러한 형식의 보살상은 우리나라에서 보기 드문 예로 중요한 가치 가 있다. 복장물에서 발원문 · 진신사리보치진언문 · 후령통 등이 발견 되었다.

불암사 템플스테이관

남해안 108
성지순례

6장

하동, 남해, 고성, 창원의 전통 사찰 순례 길

광양 불암산 불암사(무등암) ⇨ 23km ⇨ 하동 금오산 마애불 ⇨ 22.2km ⇨ 남해 망운산 화방사 ⇨ 14.8km ⇨
남해 당리리 신흥사지 삼층석탑 ⇨ 4.7km ⇨ 남해 호구산 용문사 ⇨ 11.6km ⇨ 남해 금산 보리암 ⇨ 19.7km ⇨
남해 창선도 운대암 ⇨ 23.8km ⇨ 사천 와룡산 백천사 ⇨ 11.1km ⇨ 고성 향로봉 운흥사 ⇨ 7.8km ⇨ 고성 무이산
문수암 ⇨ 12.4km ⇨ 고성 금태산 계승사 ⇨ 9.4km ⇨ 고성 연화산 옥천사 ⇨ 11.1km ⇨ 고성 소태산 주평리 석불 ⇨
16.9km ⇨ 창원 여항산 의림사 ⇨ 14.1km ⇨ 창원 광려산 광산사 ⇨ 11km ⇨ 마산 정법사

하동 금오산

금오산 마애불

금오산 마애불(경상남도 유형문화재 제290호)은 경상남도 하동군 금남면 대송리 산 중턱에 있다. 2020년 12월 겨울에 마애불을 찾았을 때는 케이블카 공사를 진행하고 있었다. 지금은 케이블카를 개통했으므로 케이블카를 타면 쉽게 정상으로 오를 수 있다. 정상 부근 공군부대 정문 근처에서 짚(zip)와이어를 운행하고 있다. 짚와이어는 3.6km로 동양에서 가장 길다고 한다.

마애불은 금오산 정상 공군부대 정문에서 500미터가량 산기슭을 내려가면 만난다. 그곳 바위굴 속 벽면에 선으로 새긴 불상이 있다. 이 불상은 오랜 세월이 흘러서 선이 잘 보이지는 않으나 전체적인 윤곽은 드러난다.

이 마애불상이 비바람 부는 밖에 있었다면 벌써 마모되었을 터인데 바위굴 속이어서 그나마 형태를 유지한 듯하다. 그런데도 많이 마모된 것을 보면 조성 연대가 상당히 오래되었음을 알게 해준다.

불상의 머리 부분은 둥그런 달 모양의 두광을 그렸고 얼굴은 너그러운 표정이다. 옷자락은 양쪽 어깨에 걸쳐 내려와 있으나 윤곽이 뚜렷이 남아있지는 않다. 광배는 두 개의 원형 신광과 두광으로 구분되어 있다.

손 모양은 가슴에 두 손을 올리고 왼손의 검지를 오른손으로 감싼 지권인을 취하고 있다. 이러한 모습의 불상은 중생과 부처가 둘이 아닌 하나임을 상징하는 비로자나불의 수인이다. 또는 세상의 이치는 둘이 아니요(不二) 모두 하나(萬法歸一)라는 진리를 보여주는 수인이다. 절에 불이문(不二門)을 두는 것도 이러한 가르침을 주기 위함이다.

비로자나불은 화엄사상을 표상하는 불상이다. 부처 곧, 진리는 태양

금오산 마애불

금오산 마애불 입구

빛처럼 온 우주에 가득 비치는 빛, 빛 그 자체임을 형상화한 것이다. 불교신앙의 요체는 부처로 표상된다. 부처는 법신불, 보신불, 화신불의 삼신불로 나눈다. 진리 그 자체를 표상하는 부처가 법신불이다. 온갖 번뇌를 여의고 여래의 성품을 드러내어 진리와 하나가 된 상태를 의미한다. 이를 인격화해서 부를 때 청정법신비로자나불이라 한다.

보신불은 열심히 수행하여 그 과보로 나타난 몸을 가리킨다. 과거 오랜 시간 수행한 결과 진리와 하나가 되어 만덕을 갖춘 부처다. 48대원을 세우고 수행하여 마침내 극락세계에 도달한 아미타불과 같은 부처다. 이를 인격화해서 원만보신노사나불이라 한다.

화신불은 응신불이라고도 한다. 중생 제도를 위해 갖가지 근기에 맞추어 방편으로 응화해서 나타난 부처다. 이 세상에 육신의 모습으로 태어나 깨달음을 이루어 부처가 된 모습을 의미한다. 과거 칠불과 현세불인 석가모니불, 미래불인 미륵불 등이 화신불에 해당한다. 이 마애불은 화엄사상이 융성했던 신라 말, 고려 초에 조성된 작품으로 추정된다.

남해 망운산

화방사는 남해대교를 지나 19번 국도를 따라가다가 이어리에서 오른쪽으로 3km가량 가면 나온다. 화방사를 품고 있는 망운산은 786m로 남해에서 가장 높은 산이다.

화방사 계곡을 따라가다 보면 한지를 만드는 산닥나무 자생지(천연기념물 제152호)가 있다. 닥나무 자생지는 남해·진도·강화도 등 사찰 주변에 분포한다. 사찰에서 질 좋은 종이를 만들어 공급했음을 말해준다.

사찰에서 종이를 공급한 그늘에는 관급 종이 만드는 노역에 스님들이 강제로 동원된 부역이 있다. 종이 만드는 사역을 감면해준 수령들에게 고마움을 표시하는 불망비가 여러 사찰에서 심심찮게 발견된다. 심지어 어떤 절에서는 종이 노역 때문에 스님들이 떠나서 절이 통째로 비는 사태가 벌어지기도 했다.

화방사 대웅전

　화방사는 신라 신문왕(681~691년) 때 원효 대사가 창건했다는 창건
설화가 전한다. 그러나 이는 설화일 뿐 문헌 기록은 없다. 다른 창건설
은 〈망운산화방사중창서〉에 신라 말, 고려 초에 현각 조사가 창건했다
는 기록이 있다. 또 〈화방사지발〉에는 진각국사 혜심이 1203년에 창건
했다는 설도 있다.

　화방사의 옛 절 이름은 '영장사'였는데 임진왜란으로 소실되었다. 그
후 인조 15년(1637년)에 계원 · 영철 두 선사가 중창했다. 이때 절 이름
을 '화방사'로 고쳐 불렀다. 화방사는 숙종 3년(1713년)에 중창 불사를 하
고, 순조 18년(1818년)에 다시 중수 불사를 하였다.

　화방사 일주문을 지나면 무지개다리 같은 돌다리가 나온다. 석교를 지
나 왼쪽으로 계단 길을 올라가면 절로 들어가는 출입문 채진루(경상남

도 문화재자료 제152호)가 있다. 채진루는 대웅전으로 들어가는 중문의 역할을 한다. 지금은 주로 차를 이용해 절을 방문하므로 옛 돌계단 길은 이끼가 낄 정도로 낡아 버려진 느낌이다. 오래된 고찰에 갈 때 옛 계단 길을 걸어 올라가면 조금 힘이 들어도 또 다른 묘미를 느낀다.

대웅전에서 약간 빗겨 아름다운 모습을 뽐내는 9층석탑이 서 있다. 마치 월정사 9층석탑을 그대로 옮겨 놓은 듯 아름답다. 월정사 9층석탑은 지금 남아있는 탑 중에서도 조형미가 가장 뛰어나 조계사 대웅전 앞에도 그 모형을 본떠서 탑을 세웠다. 월정사 탑은 6·25전쟁으로 월정사가 화마를 맞아 전각이 대부분 소실될 때도 남아있었다. 전쟁 때 폭격으로 비스듬히 기울어진 탑을 해체 보수해서 바로 세웠다.

월정사에는 탑돌이가 전해오다가 중단되었다. 월정사 탑돌이를 복원하고 문화재로 지정받는 과정에 참여해서 몇 차례의 세미나를 열고 뒷바라지했다. 그 결과 강원도 무형문화재로 지정받는 결실을 맺게 되어서 보람을 느낀다.

대웅전의 좌우로 명부전과 응진전이 자리하고 있다. 종무소 옆에 템플스테이관을 운영하여 지친 심신을 치유해주는 역할도 하고 있다. 템플스테이관에서 멀리 다도해 해상을 보고 있으면 나도 모르는 사이에 온갖 시름이 날아간 느낌이다. 대웅전은 원래 보광전이었으나 화재로 소실되어 복원(1984년)하면서 대웅전(경상남도 유형문화재 제84호)이라고 이름을 바꾸었다. 법당에는 금동석가여래삼존불상이 봉안되어 있다.

대웅전 오른쪽에 조선 후기 조성된 응진전이 있다. 안에는 석가여래를 중심으로 미륵보살과 제화갈라보살이 협시하고 있다. 석조삼존불상(경

화방사 9층석탑

상남도 유형문화재 제497호) 좌우로 십육나한 등 권속을 배치하는 형태는 조선 후기의 전형적인 모습이다.

명부전은 대웅전 왼쪽에 앞면 4칸, 옆면 2칸의 팔작지붕 형태로 지었다. 지장시왕탱화(경상남도 유형문화재 제496호)는 지장탱 1위와 시왕탱 7위로 구성되어 있다. 최근에 석조약사여래불을 야외에 조성하여 세웠다. 석판에 '나무동방만월세계 약사유리광여래불'이라는 입간판을 세웠다.

또 다른 문화재로는 옥돌로 만들어진 등잔 옥종자가 있다. 옥종자는 사찰이 건립되어 불상을 봉안할 때 불을 밝히는 옥돌로 만든 등잔이다. 이 옥종자는 1234년 이전에 만들어져 임진란까지 불을 한 번도 꺼뜨리지 않은 것으로 알려져 있다.

일본에 600년 동안 불을 꺼뜨리지 않은 절이 있다. 교토에서 가까운 히에이잔(比叡山) 엔라쿠지(延曆寺)에 지금까지 한 번도 꺼뜨리지 않은 불이 있어서 관광객이 몰려온다. 절 가까이 비와코(琵琶湖) 호수가 있어서 관광하기 좋은 여건을 갖추고 있다. 유물로는 지름 70cm, 너비 10cm, 두께 1cm가 되는 비교적 큰 규모의 청동 금구(경상남도 유형문화재 제505호)가 있다. 이 밖에도 '현판기문' 6편, '완문절목' 13편, 보부상의 문서 '선생안' 7편을 비롯한 고문서가 남아있다.

남해 당항리

신흥사지 삼층석탑

화방사에서 용문사로 가는 길에 당항리 신흥사지 삼층탑(경상남도 문화재자료 제43호)이 있다. 신흥사가 있던 자리는 한려해상 국립공원 앵강만에 접해 있다. 당항리라는 이름으로 보아 옛날 이곳에서 중국과 교역하던 배가 출발하던 곳이었을까 하는 생각을 하게 한다. 당항·당진·당나루라는 이름은 중국과 교역하던 항구에 붙이는 이름이기 때문이다.

그런데 이곳에 전해오는 전설에는 원래 마을 이름을 닭목(鷄項)이라라 불렀다고 한다. 그 뒤 영조 때 문헌에는 당목(唐目)으로, 순조 때는 당항(唐項)이라 기록하였다. 그렇다면 당나라와 관련이 없는 닭의 목에 해당하는 지형의 이름이라는 생각이 들기도 한다. 마을 입구에 느티나무들이 운치 있게 서 있어서 안정적이고 오래된 터라는 느낌을 준다.

남해 신흥사지 삼층석탑은 고려 후기에서 조선 초기에 세워진 것으로 추정된다. 신흥사는 원효 대사가 지은 절이라는 전설이 전해온다. 절터는 없어졌으나 지금 당항리 마을회관을 지을 때 주춧돌과 기와 조각들이 나왔다 한다.

신흥사가 있던 절터에 마을이 생기면서 탑을 몇 차례 옮겼는데 그때마다 탑의 일부가 떨어져 나가고 훼손되었다. 지금은 기단부가 모두 없어지고 1층 몸돌과

신흥사지 삼층석탑

지붕돌, 탑의 머리에 장식하는 보주와 연꽃무늬가 새겨진 수레 바퀴 모양의 돌이 남아있다. 2층과 3층은 지붕돌만 남아있고 몸돌은 원래의 돌이 없어져서 새로 다듬어 보수해 놓은 것이다.

탑의 상륜부 머리 장식에 복발로 추정되는 뚜껑 모양의 돌과 수레바퀴 모양의 돌은 제자리를 찾지 못해 왠지 부조화를 이룬다. 고증을 거쳐 최대한 보완하면 좋겠다.

남해 호구산

용
문
사

용문사로 가려면 화방사에서 남쪽으로 국도를 따라가다가 오른쪽 지
방도로로 접어들어 조금 더 가면 된다. 용문사 아래에 미국 마을이 있다.
앞서 독일에서 광부와 간호사로 일하던 사람들이 귀국해 만든 독일 마
을이 있었다. 미국 마을은 독일 마을의 성공사례를 참고해 미국에서 생
활하던 교포들을 위해 조성하였다. 미국 마을은 미국의 조그만 마을을
옮겨 놓은 듯 미국식 주택을 지어 운영했으나 지금은 민박과 펜션 마을
로 변했다.

우리나라가 가난의 굴레에서 벗어나기 위해 1963년부터 청년들이 탄
광의 광부로 독일에 갔다. 1966년에는 간호사들이 뒤를 이었다. 광부들
은 1,000m 넘는 지하 갱도에서 석탄을 캐고, 간호사는 시신을 닦으며 갖
은 고생을 하여 외화를 벌어 모국의 경제 부흥을 도왔다.

광부와 간호사들이 타국 땅에서 고생한 이야기는 눈물 없이는 들을 수 없다. 파견 노동자들의 성실성을 본 독일 정부에서 우리나라에 차관을 주어 조국 근대화에 큰 도움이 되었다. 박정희 대통령이 독일을 방문해서 노동자들을 만나며 눈물을 훔치는 영상을 보면 울컥해진다.

지금 외국 노동자들이 우리나라에서 차별대우를 받으며 돈을 벌어 모국으로 송금하는 상황과 흡사하다고 보면 된다. 우리도 한때 외화벌이를 위해 해외에서 고통과 서러움 받은 과거를 생각하면 외국 노동자들에게 인간적인 대접을 해주어야 한다. 그런데 가끔 임금도 제대로 주지 않고, 심지어 폭행까지 행사하는 사태를 보면서 부끄럽고 분노가 치민다. '개구리 올챙이 적 생각 못한다.'는 속담을 떠올려 보자.

용문사는 신라 문무왕 때(663년) 원효 대사가 처음 보광사를 창건한 것이 시초다. 임진왜란 때에는 승려들이 의승군이 되어 왜병과 싸웠고, 이때 절이 거의 불타서 폐사될 위기에 처했다. 임진왜란 때 관군이 꽁무니를 빼고 도망가서 정작 나라를 지킨 계층은 농민 의병과 스님들로 구성된 의승군이었다. 전쟁이 끝나자 그들은 바퀴벌레처럼 숨었던 얼굴을 내밀고 뻔뻔스럽게 큰소리쳤다. 유학자들은 남해 향교와 보광사 입구가 마주하고 있다며 절을 다른 곳으로 옮길 것을 강요하였다.

결국 보광사는 용소마을 위 산골짜기로 쫓겨나 이름을 용문사로 바꾸었다. 숙종 때에 와서 비로소 승군들의 공적을 인정하고 나라를 지킨 절이라 하여 수국사로 지정하였다. 그리고 왕실의 축원당을 건립하여 위패를 비롯해서 연옥등과 촉대와 번을 하사하였다. 연옥등 2개와 촉대 1개가 전해왔는데, 이것도 일제 강점기에 일인들이 빼앗아 갔다고 한다.

일본과의 악연이 이곳에서도 후대까지 이어지고 있으니, '역사는 반복된다.'라는 속설이 자꾸 머릿속을 맴돈다.

용문사는 유서 깊은 전통사찰로서 유물과 유적이 비교적 잘 보존되고 있는 사찰이다. 현존하는 건물은 대웅전(보물 제1849호) · 영산전 · 천왕각(경상남도 문화재자료 제150호) · 명부전(경상남도 문화재자료 제151호) · 칠성각 · 봉서루 · 산신각 · 요사 등이 있다. 산내 암자로는 백련암과 염불암이 남아있다.

대웅전은 1666년(현종 7년)에 세우고 1773년(영조 47년)에 중창한 건물이다. 네 기둥 위에 용을 조각하여 건물을 수호하고, 천정에는 바다를 상징하는 거북 · 게 · 물고기 · 해초 등을 조각하여 화재를 예방하고자

한 마음을 읽을 수 있다. 이러한 조각은 대흥사 천불전과 불회사 대웅전에서도 볼 수 있다. 안에는 석가여래금동삼존불상을 봉안했다.

괘불탱(보물 제1446호, 1769년)은 영축산에서 설법하는 영산회상도다. 그림 구도는 석가여래를 중심으로 문수·보현·미륵·제화갈라·관음·지장의 6대보살과, 10대 제자·사천왕·사금강 등을 3단으로 나누어 배치하였다. 이 괘불탱은 기법이 조화롭고 세련된 18세기 중반 이후의 전형적인 특징이 잘 표현되어 있다.

석가모니설법도(경상남도 문화재자료 제347호)는 대웅전 불단 뒤쪽 벽에 있다. 그림의 구도는 가부좌를 튼 석가모니를 중심으로 하단 왼쪽에는 남방증장천왕과 문수보살, 오른쪽에는 보현보살과 서방 광목천왕이 배치되어 있다. 상단 왼쪽에는 미륵보살과 제화갈라보살, 오른쪽에는 관음보살과 지장보살을 배치했다. 상단에는 10대 제자·금강지국천왕·다문천왕 등 권속들을 배치했다.

용화전 석조보살좌상(경상남도 유형문화재 제138호)은 높이 약 81cm로, 안정감 있는 신체 비율과 천의를 입은 모습이다. 이러한 형태로 미루어 볼 때 고려 초기에 조성된 미륵불로 추정된다. 돌은 화강암이지만 두껍게 회칠을 하여 본래의 모습을 확인하기 어렵다.

명부전(경상남도 문화재자료 제151호)은 현종 3년(1662년)에 처음 건립하였다. 명부전에는 지장보살을 중심으로 좌우에 도명존자·무독귀왕·10대왕을 봉안하였다.

유물 수장고에 정리되지 않고 보관 중인 유물들이 많다. 인조 때 학자 유희경의 시문집 《촌은집》(경상남도 유형문화재 제172호) 판목이 있

용문사 석조보살좌상

다. 임진왜란 때 승병들이 사용하던 대포 삼혈포가 있다. '삼혈총통'은 임진왜란 때 용문사 승군이 사용하던 무기의 하나다. 왕과 왕비의 능묘를 보호하거나 특수한 목적을 위해 벌목을 금하는 증명을 위해 만든 '봉산수호패'가 있다. 수국사 금패(禁牌)는 왕실이 축원당을 지었으니 지방의 관청이나 관리가 사찰을 함부로 하지 말라는 표지다.

축원당에 걸어 두었던 번에는 궁수(宮繡)와 궁중매듭이 남아있다. 세로 147㎝, 가로 32.5㎝의 비단에 '南無大聖引路王菩薩(나무대성인로왕보살)'이라고 수를 놓고 그 둘레를 매듭으로 장식하였다. 용문사 반자(경상남도 문화재자료 제378호)는 용문사 적묵당 뒷마루에 보관된 징을 닮은 반자이다. 지름은 약 70cm이고 청동을 재료로 하고 있다. 용문사는 템플스테이를 연중 운영하고 있다.

남해 금산

보
리
암

남해 금산 보리암은 우리나라의 3대 관음 기도처로 유명하다. 보리암은 동해 낙산사 해수관음, 서해 강화 보문사 마애관음과 함께 3대 관음 성지로 불린다. 여기서 기도하면 한 가지 소원은 꼭 이루게 해준다는 전설이 있다.

보리암은 금산의 정상 부근에 자리 잡고 있다. 35년 전 처음 갔을 때는 1 주차장에서 가파른 산길을 한 시간쯤 힘들게 걸어 올라간 기억이 있다. 지금은 보리암 1km 앞까지 도로가 닿는다.

금산은 산 전체가 기암괴석과 상록수림으로 덮여 있어서 예로부터 소금강이라 불렸다. 금산(錦山)이라는 이름에서 보듯 비단처럼 아름다운 산이다. 금산이라는 이름의 유래를 말해주는 전설이다.

이성계가 왕이 되게 해달
라고 백두산과 지리산에서
기도했으나 효험이 없자 금
산에 와서 백일기도를 하였
다. 이때 산신이 나타나 왕
으로 만들어 주면 산 전체
를 비단으로 감싸주겠느냐

이성계 사당 선은전

고 물었다. 이성계는 왕이 될 욕심으로 약속했다. 왕이 된 뒤 잊고 있었
는데 산신이 꿈에 나타나 왜 약속을 지키지 않느냐고 추궁했다. 이성계
는 어떻게 비단으로 산 전체를 감쌀 수 있을지 고민하다가 원래 산 이름
인 보광산을 비단 금(錦) 자를 써서 금산이라 바꾸어 부르도록 명했다.

금산에는 상사바위 · 팔선대 등 금산 8경이라 부를 만큼 아름다운 명
소가 널려 있다. 보리암에서 내려다보는 한려해상은 한 폭의 그림이다.
두 번째 순례에서 보리암을 오르며 본 일출은 지금도 잊히지 않는다.

보리암은 신라 신문왕 3년(683년) 원효 대사가 지었다고 한다. 원효 대
사가 이곳에 움막을 짓고 수도하면서 관음보살을 친견한 뒤 절을 지었다
는 이야기가 전할 뿐 문헌 기록은 없다. 현종 1년(1660년)에 이 절을 왕실
의 원당으로 삼고 보리암으로 고쳐 불렀다. 보리암의 전각으로는 극락전
을 비롯하여 보광전 · 산신각 · 간성각 · 종각 · 요사 등이 있다.

보리암의 상징인 목조관음보살(경상남도 유형문화재 제575호)은 선
재동자와 용왕이 협시하는 독립된 불감 형식이다. 현재 불감의 윗부분

보리암 관음보살 불감

보리암 삼층석탑

보리암 석불좌상

은 없어졌고 남아있는 형태도 완전하지는 않다. 재료는 향나무 금분칠 이며 좌고 46cm, 무릎 폭이 23cm로 작은 규모다. 극락전에는 금동아미 타삼존상이 봉안되어 있다. 좌우로 만불이 모셔져 있어서 만불전이라고 도 부른다.

종각 아래에 해수관음상과 삼층석탑(경상남도 유형문화재 제74호)이 있다. 탑의 전체 높이는 230cm로 비교적 작은 탑이다. 판석으로 지대석 을 마련한 뒤 사각형의 기단석을 2단으로 쌓았다. 아래 기단에는 안상을 새겨 장엄하였다. 탑신석은 모서리 기둥인 우주를 조각했을 뿐 별다른 장식이 없는 소박한 모습이다. 옥개석이 3단으로 되어 있는 등 전체적으 로 볼 때 고려시대 후기에 만들어졌다고 추정된다.

보리암 아래쪽으로 200m쯤 내려가면 이성계 기도처가 있다. 이성계가 기도한 곳에 '남해금산영웅기적비'와 '대한중흥송덕축성비'(경상남도 유형문화재 제27호)가 서 있다. 이성계 탄신일(음력 10월 11일)에 제향을 올리는 선은전(璿恩殿)이 있다. 운 좋게 2021년 11월 15일 2차 순례에서 이성계 탄신 666주년 제향을 모시는 장면을 볼 수 있었다.

보리암에서 산신각을 지나 산등성이를 넘어 200m쯤 가면 단군성전이 있다. 우리 겨레의 시조인 단군을 숭앙하는 뜻으로 지은 단군성전에는 환웅상과 단군상을 모셨다. 그런데 성전에 들어서면서 정돈되지 못한 모습을 보며 쓸쓸한 느낌마저 든다. 성전을 어떻게 지탱하는지 궁금하다.

민족의 뿌리를 알려주고 자긍심을 심어주는 단군신앙은 대체로 우리 민족이 어려운 시기에 처했을 때 융성했다. 특히 외침을 당했을 때 단군신앙은 민족의 힘을 하나로 모으는 구심점이 되었다. 지금은 고난의 시대가 아니라서 그런지 단군신앙이 존재를 드러내지 못하고 있다. 그러나 우리는 지금도 분단국가이므로 아직 태평가를 부를 시기는 아니다.

남북이 통일을 추진할 수 있는 유일한 고리는 결국 한 핏줄이라는 화두가 아니겠는가? 그것은 한민족의 시조 단군사상에 있음을 기억해야 한다. 보리암을 찾는 순례자들은 잠깐이라도 짬을 내어 단군성전에 가서 내 몸에 흐르는 핏줄의 의미를 생각해보는 시간을 가졌으면 좋겠다.

남해 창선도

운
대
암

　운대암은 보리암이 있는 금산에서 사천으로 가는 중간 창선도에 있다. 창선교 건너 오른쪽으로 해안도로를 따라 가면 대방산이 있고, 대방산 자락에 작고 아담한 운대암이 있다. 창선도는 남해 본섬과 창선교로 이어져 있다.

　창선교 건너 해안도로를 따라가다 보니 전통 방식으로 멸치를 잡는 '죽방렴'이 보인다. 남해에서는 아직도 전통어로 방식인 죽방렴을 설치해서 멸치를 잡는다. 이곳의 토속음식인 멸치회와 멸치 쌈밥을 즐기는 것도 빼놓을 수 없는 순례 길의 맛이다.

　창선면 사무소 소재지를 지나 대방산 산길로 접어들어 가다보니 옥천 저수지가 나온다. 저수지 바로 위에 절이 있다. 절 마당에 서면 맑은 저수지가 바로 눈앞에 펼쳐져 가슴이 시원하다. 구슬처럼 맑은 물이

흐른다는 '옥천'을 막아 저수
지 상수원으로 활용하고 있
다. 저수지는 내리쬐는 햇빛
이 반사되어 은하수를 만든
다. 반짝이는 은하수가 구름
에 떠 있다고 하여 이름을 운
대암이라 불렀다고 한다. 운

운대암 석불좌상

대암은 아침에 기도하면 저녁에 영험을 보는 명당 기도 도량으로 알려
져 있다.

운대암은 고려 말에 창건하여 망경암으로 불리다가 조선시대 지금의
터에 다시 창건해 운대암이라 이름을 바꿨다. 경내에 있는 전각은 무
량수전 · 산신각 · 영산전 · 종루 · 요사가 있다. 무량수전에는 무량수불
좌우보처로 지장보살과 관음보살을 모셨다.

2022년 1월 10일 순례 때 절을 둘러보는데 노스님이 방문을 열고 나왔
다. "어디서 오셨습니까?" 하고 조금 의심스러운 표정으로 물었다. 성지
순례 다니고 있다고 말했지만 의심이 풀리지 않는 표정이다. 꼬치꼬치
캐물어서 나도 모르게 언성이 높아졌다.

"제가 문화재위원인데 절도범으로 보입니까?"

언짢은 표정으로 명함을 내밀었다. 그제야 표정이 풀리며, 얼마 전 참
배객으로 위장해서 탱화를 날카로운 칼로 도려 가는 도난 사고가 있었다
고 한다. 그 말을 들으니 조금 전 사납게 대꾸한 것이 미안했다. 항상 상
대의 처지에서 말을 듣고 해석하는 자세가 중요하다. 성질 급한 우리는

운대암 종루

내 입장만 생각하고 말하는 버릇이 있다.

　도난 사건 이후 남은 아미타후불탱(경상남도 문화재자료 제418호)은
지금 이곳에 없고 쌍계사 성보박물관에 보관하고 있다. 그리고 보니 법
당의 후불탱은 실물이 아니다. 사진을 실물 크기로 복사해서 전시하고
있다.

사천 와룡산

백
천
사

백천사는 다른 사찰과 분위기가 조금 다르다. 사찰 경내로 들어서자마자 납골묘탑이 줄을 지어 늘어서 있어서 언뜻 일본의 사찰을 연상케 한다. 한편 백천사는 불사가 활발히 진행 중이어서 조금은 어수선한 분위기다. 그만큼 다른 절과 달리 생동감이 넘치는 사찰이라는 인상을 준다.

나이가 들면 사람들은 죽음이라는 커다란 벽 앞에 서게 된다. 큰스님들이 죽으며 남긴 열반송에서 답을 찾아보려 하지만 평범한 사람들에게 큰스님들의 게송은 단순한 언어의 그림자일 뿐이다.

세상의 모든 종교는 생사의 문제를 풀어내는 것이 최고의 과제다. 삶과 죽음의 문제에서 특히 죽음 후의 일에 대해 어떤 형태로든 답을 주고자 한다. 불교는 윤회설로 죽은 후의 세계를 설명하지만 정작 윤회설은 불교의 근본 교리도 아니고, 죽음에 대해서 만족할 만한 대답을 주지 못한다.

인간에게 삶과 죽음은 영원히 풀리지 않는 문제로 남을 것이다. 우리 민족의 죽음 인식은 상례와 장례를 통해 그 얼개를 알 수 있다. 요즘의 상장례 풍속은 조금씩 변화하고 있다. 매장 대신 화장을 선호하는 경향이라든가, 3년 탈상이 아니라 100일 탈상이나 49재 탈상으로 바뀌고 있다.

백천사에서 한국 불교의 미래를 예측해 본다. 일본의 경우 "살아서

백천사 황금대불

는 신사, 죽어서는 사찰"이라는 문화가 자리 잡고 있다. 일본 사찰이 연명하는 비결은 납골당과 납골묘가 절대적인 역할을 한다. 우리나라 사찰도 납골당과 납골묘를 두어 사찰 경영에 활로를 찾을 수 있으리라 믿는다. 추석·설·기일·초파일 등 일 년에 서너 번은 사찰에 있는 부모의 납골묘를 찾게 될 것이다. 자연스럽게 불교 인구도 늘리는 효과를 거둘 수 있지 않을까?

어떤 스님에게 이런 이야기를 비쳤더니 절이 신행과 수행의 공간이지 추모의 공간은 아니라고 일축해 버린다. 맞는 말이다. 그러나 신도가 점점 줄어들면 수행 공간은 존속할 수 있는가? 누구에게나 닥치는 죽음의 현실에 대해 당장 불교는 어떻게 안내할 것인가?

백천사는 1300년 전 신라 문무왕 때(663년) 의선 대사가 처음 창건한 것으로 전해진다. 와룡산에는 옛날 절터가 많다. 지금은 모두 폐사되었으나 폐사지에서는 기왓장이나 석물 조각이 출토된다.

백천사는 임진왜란 때 승군의 주둔지였다.《와룡산기》에 임진왜란 때 백천사 주지가 승병장이 되어 승병 200명을 이끌고 왜군과 싸워 격퇴했다는 기록이 있다.《진양지》의 백천사 기록에는 백천사 동서 계곡의 위아래로 물레방아 16개소가 있었는데, 임진왜란 뒤에는 12개만 남았다고 하였다. 물레방아가 열여섯이나 있었다면 절의 규모가 얼마나 컸을지 짐작이 간다.

백천사는 절 안으로 들어서면 만덕전 뒤쪽 황금대불이 첫눈에 들어온다. 전각은 대웅전(경상남도 문화재자료 제85호)·극락전·오방불무

백천사 납골묘탑

량수공덕전 · 봉안당명부전(경상남도 문화재자료 제51호) · 약사와불전 · 산령각 · 용왕각 · 성보유물전시관 · 요사 등의 전각이 있다. 약사와불전 위쪽에 약사여래좌불이 있다. 약사와불전의 와불은 이백 년 넘은 소나무로 조성했는데 길이 15m, 높이 4m로 세계에서 가장 큰 와불이라 한다.

납골당 시설인 극락전 추모관을 비롯해 전각마다 벽면을 가득 채운 불상 하나하나에 신도의 이름이 붙어있다. 이는 신도들이 소속감을 느끼게 하는 효과가 있다. 납골묘 구역뿐 아니라 경내 여기저기 탑과 석등 같은 다양한 형태로 가족 납골묘를 만들어 보급하고 있다.

주차장 옆에 성보박물관을 열어 반가사유상 등 불교문화재는 물론 신라왕관 등을 복제하여 전시하면서 불교문화재의 우수성을 잘 보여준다. 백천사에 보관 중인 고려시대 선종 경전《육조대사법보단경》이 2020년 4월에 국가지정문화재 보물로 지정되었다.

2019년 갔을 때 입으로 목탁소리를 내는 우보살(황소 두 마리)이 있었는데 22년 5월에 갔더니 보이지 않았다. 연유를 물으니 극락왕생했다고 지나가던 보살이 말해 주었으나 다른 사연이 있는 듯하다.

고성 향로봉

운흥사

운흥사는 신라 문무왕 16년(676년) 의상 대사가 창건했다고 전한다. 운흥사는 임진왜란 때 이 지역 승병의 본거지였다. 사명 대사의 지휘 아래 6,000여 명이 운흥사에 머물렀다. 충무공 이순신이 수륙 양면작전 논의를 위해 세 번이나 방문하였다.

운흥사는 임란 때 병화로 소실된 것을 효종 2년(1651년)에 중창하고, 영조 7년(1731년)에 중건하였다. 대웅전(경상남도 유형문화재 제82호)은 정면 5칸, 측면 3칸의 다포계 맞배지붕이다. 기둥은 배흘림기둥이다. 법당에는 목조삼존불(경상남도 유형문화재 제538호)이 모셔져 있다. 불상의 오른쪽에는 관음보살도와 감로탱이, 왼쪽에는 신중탱이 걸려 있다.

관음보살도(보물 제1694호)의 화면 중앙에는 반가부좌한 관음보살이

큰 원형 광배에 싸여 있다. 아래쪽에는 선재동자와 여의주를 받쳐 든 남녀 인물상이 그려져 있다. 운흥사 관음보살도는 영조 6년(1730년)에 그려진 조선시대 불화다. 고려시대에 주로 그려졌던 수월관음도가 측면 자세를 취하는데 운흥사의 수월관음도는 정면 자세를 취하고 있다. 원형의 손상을 막기 위해 대웅전에는 모사한 관음보살도를 걸었다.

감로탱(경상남도 유형문화재 제356호)은 영조 6년(1730년) 의겸이 그렸다. 감로탱은 삶과 죽음이 거듭되는 윤회를 그린 불화다. 감로(甘露; 단 이슬)는 인간을 업의 굴레에서 구제해주는 부처의 자비를 상징한다. 감로탱은 주로 조선 중기 이후에 나타나는 불화다.

감로탱의 구성은 상·중·하단으로 표현된다. 하단에는 여러 가지 고통을 받는 중생들이, 중단에는 불교의 의식을 거행하는 공덕이, 상단에는 불보살이 감로를 베푸는 모습이 그려진다. 감로탱의 아랫단에는 당시 민중들의 생활상을 사실적으로 묘사한다. 잔치나 연희패의 온갖 잡기가 펼쳐지는 장면, 부부가 싸우고, 주인이 하인을 두들겨 패며, 바둑 두다 시비가 붙어 바둑판을 뒤엎기도 한다. 술에 만취되어 서로 치고받고, 나무에서 떨어지고, 호랑이에게 물려 죽고, 벼락에 맞아 죽는 모습도 있다. 최근에 그린 서울 중흥사 감로탱에는 한국전쟁 때 등장한 탱크까지 그려져 있다. 또 한 가지 특기할 만한 것은 거의 모든 인물을 묵선으로 처리한다. 이는 갖가지 사건과 사연으로 죽은 사람들의 혼귀임을 암시한다.

영산전(경상남도 유형문화재 제147호)은 석가모니의 일대기를 여덟 장면으로 나누어 그린 팔상도를 모시는 전각이다. 팔상도는 분실되고 한 폭만 남아있다. 영산은 석가모니가 입적하기 전 마지막 법화경을 설한 영축산을 가리킨다. 따라서 영산전에 참배하는 것은 석가 당시 영산회상에 참석하는 것과 같은 의미가 있다.

명부전에는 지장보살과 목조각상(경상남도 문화재자료 288호)이 있다. 명부전에 모셔진 나무 조각상은 지장보살의 오른쪽에 지옥을 출입했던 도명존자가, 왼쪽에는 전생부터 지장보살과 인연을 맺었던 무독귀왕이 문관 차림으로 경괘(徑卦)를 들고 있다.

괘불탱(보물 제1317호)은 영산재 등 야단법석을 펼칠 때 밖에 내거는 괘불이다. 괘불함에는 '卍', '王', '十', '梵' 자를 정교하게 조각한 금속 장식이 붙어있다. 괘의 뚜껑 안쪽에 괘불탱이 만들어진 일 년 뒤인 1731년 만들었다는 기록이 있다. 괘불탱은 영조 6년(1730년)에 금어인 의겸 스님을 비롯한 20여 명의 화승이 만들었다고 화기에 쓰여 있다.

운흥사 수월관음보살도(보물 제1694호)

운흥사 일주문

이 괘불은 일제 강점기에 일본인들이 가져가려고 세 번이나 사천 앞바다로 옮겨 배에 실었으나 심한 풍랑이 번번이 일어 결국 실패하였다고 한다. 규모는 가로 818cm, 세로 1,272cm의 크기다.

운흥사 종을 소장하고 있는 곳은 안타깝게도 일본 도쿄의 네즈미술관이다. 운흥사 종(크기 1m 25cm 무게 300kg)에는 '고성현 와룡산 운흥사 대종'이라고 새겨져 있다. 어떤 경로로 우리 성보문화재가 일본으로 건너가게 되었을까?

운흥사 주변에는 숙식할 곳이 없으므로 가까이 있는 사천 시내에서 숙박할 곳을 찾아야 한다.

고성 무이산

문수암

문수암이 있는 무이산을 오르는 길은 경사가 급하고 길이 꼬불꼬불하다. 저만치 산 정상 가까이에 문수암이 빤히 보여도 오르는 길은 쉽지 않다. 문수암 바로 아래 주차장에서도 가파른 계단을 백여 미터 올라가야 천불전에 도착한다. 문수암 법당 앞에 서니 내려다보는 한려해상은 그 아름다움을 말로 형용할 수 없다. 다만 '가서 보시라'는 말 밖에는.

무이산에 있는 문수암은 신라 신문왕 때(688년) 의상 조사가 창건했다. 문수암 창건에는 다음과 같은 설화가 전한다.

의상 조사가 남해 보광산(지금의 금산)으로 기도하러 가던 길에 상리면 무선리 어느 집에서 유숙하게 되었다. 꿈속에서 한 노승이 나타나서 "내일 아침에 걸인을 따라서 보광산보다 무이산을 먼저 가보라."라고 말

문수암

하고는 홀연히 사라졌다. 꿈을 깨고 날이 밝아 길을 떠나는데 저 멀리 두 걸인이 걷고 있었다. 뒤쫓아 가서 물으니 무이산으로 간다고 하기에 따라나섰다.

무이산 중턱에 오르니 웅장한 다섯 개 바위가 마치 오대산을 연상케 하였다. 이때 그 걸인들이 바위를 가리키며, "이곳이 우리의 처소다."라고 말하고 바위틈으로 사라졌다. 순간 의상 조사는 꿈속에서 본 노승이 관세음보살이고 두 걸인이 문수와 보현보살임을 깨달았다.

의상 조사는 무이산을 두루 살펴보고는 "이곳은 족히 사자(문수동자가 타고 다니는 상징 동물)를 길들일 만한 곳이다."라고 예찬하고 문수암을 세웠다.

지금도 석벽 사이에는 보살상처럼 생긴 자연석이 있다. 사람들은 이 바위가 문수보살이라고 여긴다. 문수암에서 보면 멀리 수태산에 보현사가 보인다. 보현사는 최근에 지은 절이지만 의상 조사가 꿈에서 본 문수와 보현보살의 도량이 짝을 이루어 지어 진 셈이다.

창건 이후 이 암자는 많은 고승을 배출하였다. 특히 신라의 국선 화랑들이 이 산에서 심신을 연마하였다고 전해진다. 문수암은 인조 20년(1642년)에 중창하였으나, 1959년 사라호 태풍 때 건물이 붕괴하여 신도들이 성금을 모아 다시 지었다. 1950년 한국전쟁이 일어나 청담 선사가 잠시 이곳에서 수행하였으므로 스님의 사리탑과 비석이 있다.

문수암에는 법당(문수암)·천불전·독성각·요사 등의 건물을 좁은 바위틈에 축대를 쌓고 지었다. 문수암이라는 편액이 붙은 법당에는 금동분수보살좌상이 봉안되어 있다. 좌우에 사자를 탄 문수보살상과 지장보살 입상이 봉안되어 있다. 문수보살좌상 옆에 자그마한 함에 담긴 불상이 있는데, 청담 스님이 이곳에서 토굴을 짓고 수행할 때 모시던 불상이라 한다.

축대를 쌓아서 지은 천불전은 사라호 태풍 이후 지은 현대식 시멘트 건물이다. 2층 법당에는 금동아미타여래불을 관음보살과 지장보살이 협시하고 있다. 법당의 좌우로 천불좌상을 모셨다.

독성각은 법당에서 오른쪽으로 가파른 계단을 올라가면 바위틈 크기에 맞춰 한 평 남짓 지었다. 독성각은 홀로 수행하여 깨달은 나반존자상을 모시는 전각이다. 나반존자는 교만심과 명예욕, 그리고 본능 욕인 오욕락을 끊고 번뇌와 고통으로부터 해방되라는 가르침의 화신이다.

2022년 1월 중순에 재방문했을 때는 문수암을 증축하는 공사 때문에 문수보살을 친견할 수 없었다.

076

고성 금태산

계
승
사

문수암에서 1016 지방도를 따라가다 보면 계승사 입구가 두 곳이 나온다. 먼저 만나는 입구는 좁은 임도를 따라서 걸어갈 수 있는 길이다. 조금 가파르기는 해도 거리를 단축해 준다. 차량을 이용할 경우 약 2km쯤 더 가면 두 번째 입구가 나온다.

계승사 경내에는 퇴적구조(천연기념물 제475호)가 절의 전체에 펼쳐져 있다. 이러한 지질 구조는 중생대 백악기에 형성되었다. 1억 년 전 당시 이 지역은 공룡 등 다양한 생물이 서식하던 호수였다. 계승사는 호수의 가장자리여서 공룡 발자국·물결무늬·빗방울 무늬 등 다양한 흔적이 퇴적암으로 굳어서 화석으로 남아있다. 그런데 물결무늬 화석은 차단막이 없이 사람들이 드나들며 밟을 수 있어서 훼손될 우려가 크다. 보호조치가 시급한 귀한 유적이다.

계승사 산신각   1억 년 된 물결무늬 화석

계승사를 병풍처럼 둘러싸고 있는 기암괴석과 화석은 시간의 무한함
과 생명의 유한함을 대비시켜 느끼게 한다. 1억 년에 걸쳐서 만들어진 화
석과 퇴적층을 보면서 다시 한 번 인생 백 년이 얼마나 짧은 시간인지 생
각해 본다. 우리 인생이 눈 깜짝할 찰나에 지나지 않는다고 생각하니 그
동안 기뻐하고, 노여워하고, 슬퍼하고, 즐기며 살아온 칠십 평생이 저 푸
른 하늘에 한 올 구름으로 잠깐 걸려 있다가 사라지는 것 같다.

천년 고찰 계승사는 원시 자연이 그대로 보존되어 시공간이 화석처럼
느껴진다. 그야말로 자연이 빚어낸 조화요, 조물주의 작품인 듯 감탄을
자아낼 뿐이다. 계승사는 신라 문무왕 15년(675년)에 의상 대사가 창건
하였다. 임진왜란 때 소실되었는데 1963년에 중건하고 계승사로 이름을
바꾸어 오늘에 이르고 있다.

계승사 당우는 대광보전 · 보타전 · 약사전 · 종루 · 요사 등이 있다.
대광보전에는 비로자나불을 중앙으로 석가모니불과 아미타불을 모셨

계승사 대광보전

다. 자장탱화 앞에 영가들의 위패와 사진이 놓여 있는데, 그중에 고 박정
희 대통령과 노무현 대통령의 영정사진이 있다. 그 사연을 스님께 물으
니 이곳에서 49재를 지내고 영정사진을 두었다고 한다.

약사전으로 오르는 길은 가팔라서 한차례 꺾어져 오르는 계단길이다.
기왓장으로 계단을 장식하여 한층 아름답다. 약사전 위쪽으로 오르는
계단은 더 가파른데 노송 사이로 보이는 산신각이 마치 한 폭의 동양화
같다.

계승사에는 성보문화재로 금동불상입상 · 금동불상좌상 · 원추형토
제품 · 백자접시를 소장하고 있다.

077

고성 연화산

옥
천
사

옥천사는 문수암에서 21km 떨어진 연화산 자락에 있다. 문수암에서 찻길은 21km 떨어져 있으나 도보로 갈 경우 산길을 9km가량 질러서 갈 수 있다는데, 겨울 산길이라서 엄두를 내지 못했다. 다음 올 때는 도전하고 싶다. 옥천사는 사찰 경내에 달고 맛있는 물이 끊이지 않고 솟는 샘이 있어 절 이름을 옥천사라 불렀다. 지금도 이 절 이름의 유래가 된 옥천에서 구슬처럼 맑은 샘물이 흘러나온다.

옥천사는 신라 문무왕 10년(670년)에 의상 조사가 중국에서 귀국하여 창건하였다. 고려 희종 4년(1208년)에 진각국사 혜심이 중창했다. 정유재란(1597년) 때 의승군의 본거지였으므로 왜군이 불을 질러 전각이 모두 소실되었다. 이후 여러 차례 중건 불사를 이어와 요사 5동, 산내 암자 7곳, 물레방아가 12개나 있을 정도로 절의 규모가 컸다. 그러나 정조

24년(1800년) 종이를 진상하는 사
찰로 지정되었다. 사역이 가중되
면서 승려들이 부역을 못 이겨 빠
져나가 절이 피폐하기 시작했다.

거의 백 년 후(1890년) 왕실의
원찰이 되면서 부역을 면하고 관
과 세도가의 핍박에서 벗어나게
되었다. 그러나 이 해에 동학운동

옥천사 산문

이 일어나 자방루를 비롯해 탑진당 · 적묵당 · 대웅전 · 팔상전 · 금당 등
많은 전각이 불타 없어졌다. 이후 중건 불사가 이어져 1984년 일주문을
시작으로 조사전 · 사적비 · 사천왕문 · 범종각 · 유물전시관과 축성전
을 지으며 지금의 모습을 갖추었다.

대웅전(경상남도 유형문화재 제132호)은 1745년(영조 21년)에 지은
목조 건물이다. 안에는 조선 후기에 조성한 아미타삼존상(경상남도 유
형문화재 제629호)이 있다. 후불탱은 1774년(영조 20년)에 그린 것이다.
도난을 염려해 유물전시관(보장각)에 보관하고 법당에는 사진 본이 걸
려 있다. 대웅전 삼장보살도(1774년, 영조 20년)는 세 폭이다. 한 폭에 천
장 · 지장 · 지지보살을 그리는 보통 삼장보살도와 달리 각각 독립된 형
태로 그렸다.

괘불도(보물 제2109)와 괘불함(보물 제2110호)은 1808년(순조 8년)에
제작하였다. 크기는 화폭 20개를 붙여 제작하였고 높이가 10m에 달한
다. 자방루(보물 제2204호)는 정면 7칸, 측면 3칸의 흔치 않은 큰 건물이

옥천사 옥천각   제1전 진광대왕과 대왕도

다. 1764년 자방루를 지을 당시부터 300명이 넘는 스님들이 한자리에 모
일 수 있는 규모다. 승병양성을 위한 교육시설이었으나 지금은 법회와
집회를 이곳에서 한다.

　조사전과 팔상전은 한 건물이다. 석가여래와 후불탱이 있고 팔상도가
둘러있다. 창건주 의상 스님을 비롯해 이 절에서 주석한 형진 · 청담 · 삼
오 · 서옹 스님 진영이 걸려 있다.

　나한전은 조선 후기에 지었다. 안에는 석가삼존불과 십육나한이 있다.
나한전 목조보살좌상 및 나한상(경상남도 유형문화재 제628호)은 조선 후기 불교 조각의 귀중한 자료적 가치가 있다.

명부전(경상남도 유형문화재 제146호)에는 지장보살과 좌우 협시불 등 모두 21구의 석상이 봉안되어 있다. 명부전의 지장보살시왕도(보물 제1693호)는 작품성이 뛰어난 불화다. 1976년 제1전 진광대왕, 제2전 초강대왕도를 도난당했다. 다행히 어느 프랑스 인이 인사동에서 구입해 보관해 오다가 2016년 기증했다. 도난을 우려하여 모두 성보박물관으로 옮겨 보관하고 전각에는 모사본을 걸었다.

그 밖의 성보문화재로 동종(보물 제495호), 임자명반자(보물 제495호), 청동시루(경상남도 유형문화재 제627호)가 있다. 반자는 고려 때 만든 청동 악기로 불교 의식에 사용하였다. 큰 청동시루(경상남도 유형문화재 제627호)는 시루떡을 만드는 용도로 쓰여 당시 옥천사의 사세를 짐작케 한다.

078

고성 소태산

주평리 석불

이 석불 좌상은 고성군 소태산 자락 '머들땀'이라는 마을에 있다. 행정 구역으로 고성군 구만면 주평리다. 머들 땀 마을 앞으로 펼쳐진 너른 들판을 보면 여기 살던 사람들은 살림 형편이 비교적 넉넉했을 것으로 보인다. 이 마을로 들어오기 바로 전 마을은 '효대'라는 마을이다. 효자와 효부가 많이 나와서 부른 이름이라 한다.

지금도 마을에 솟을대문과 효자 열녀비가 있다. 인근에 옥수 온천관광지를 개발하였는데 코로나 때문인지 손님의 발길이 끊겨 황량하기까지 하다. 의림사로 가는 도중에 양촌 온천지구가 있고 이곳에는 모텔과 식당이 있다.

마을 사람들이 미륵당이라고 부르는 곳에는 옛날 초가집 신당이 있었다. 여기서 한 걸인이 머물다가 화재를 내고 다음 날 피를 토하고 죽었다는 이야기가 전해온다. 대개 이런 징벌 전설에는 신성성을 강조하려는 의도가 반영되어 있다. 피를 토하고 죽었다는 전설을 통해 미륵불의 영험을 강조하는 것이다.

석불에 대한 믿음은 현재까지도 잘 전승되고 있음을 알 수 있다. 미륵당 옆에 세운 조그만 비석에 당집을 세울 때 헌금한 사람들의 명단을 새겼는데 부산·마산 등 다른 지역 사람들이 많다. 아마도 이 마을에서 살다가 도회지로 나가 성공한 사람들이 참여한 듯하다.

미륵당은 언제든 누구나 들어갈 수 있도록 개방되어 있다. 미륵당 안은 깨끗하고 잘 정돈되어 누군가 보살피고 있음을 직감할 수 있다. 지나가는 노인에게 물으니 70대 보살이 미륵당 옆집에 기거하면서 관리하는데, 지금 병원에 입원했다고 일러준다.

석불은 오랜 세월 비바람을 맞아 풍화되었다. 석불의 몸체는 작지만 전체적으로 풍성하다. 머리 부분 육계는 솟아있으며 얼굴은 넓고 오뚝하게 솟은 콧날이 남아있다. 두 손을 가슴에 모으고 양손으로 무엇인가 공손히 받쳐 든 모습을 하고 있다. 두 손을 가슴에 모은 형상으로 보아 병든 사람을 살리는 보병(약병)을 들고 있었을지도 모른다.

이 석불은 미륵불로 보인다. 미륵불이 조성되는 형태는 경주 남산 마애불이나 파주 용미리 마애불처럼 큰 바위에 새기는 마애불 형태가 있다. 또 관촉사 은진미륵과 수안보 미륵불처럼 돌을 조각해서 세우는 입석 형태도 있다. 독립된 형태로 조성하는 경우는 법당에 모시기 위함인데 그리 흔치 않다. 이 미륵불은 원래 여기에 절이 없었다면 어디선가 옮겨온 석불일 것이다.

주평리 석불.

미륵불이 조성되는 배경은 대체로 전쟁이나 천재지변 등으로 시절이 어수선하여 살기 힘들 때이다. 다음 세상은 안락한 세상이 되기를 바라는 소망에서 미륵불 신앙이 출현한다. 미륵불은 석가에 이어 다음 세상에 부처가 되기로 약속된 미래불이다. 미래불이 출현하는 시기는 이 세상이 말세라고 인식될 때이므로 역병이 돌거나 전쟁이 일어나 민심이 흉흉할 때다.

신라가 망하고 고려가 일어날 무렵 후삼국시대 견훤과 궁예 같은 사람들이 미륵이라며 민심을 휘어잡아 나라를 세우기도 했다. 임진왜란과

남해안 108 성지순례

병자호란처럼 외적의 침략으로 민생이 피폐했을 때나, 근세 일제 침략 때도 말세론과 더불어 미륵신앙이 성행하였다. 이럴 때《정감록》같은 예언서가 나돌거나, 민초들을 도탄에서 구원하겠다며 미륵을 자처하는 사람이 나타난다.

주평리 석불이 미륵불상으로 조성되지 않았더라도 마을 사람들이 미륵불이라고 믿으면 이 불상은 미륵불이다. 마을에 평안을 주고 개인마다 소원을 들어주는 미륵불이라고 오랜 세월 믿어 왔기에 지금까지도 해마다 정월에 동제를 지내고 있는 것이 아니겠는가?

마을 사람들의 하소연을 들어주는 고마움의 표현일까? 석불 좌상 앞에는 막걸리 세 병과 소주 한 병이 놓여 있다. 누구 한 사람이 올린 것이 아니라 여러 사람이 와서 기도하고 올린 공양물임을 말해준다.

불교만의 의미로 해석한다면 술을 공양물로 올리지는 않았을 터인데, 마을 사람들은 이 미륵을 정말 친근한 이웃집 할머니, 할아버지처럼 여기는 것이 아닐까?

079

창원 여항산

의
림
사

의림사는 창원 여항산 수리봉 동남쪽 기슭에 자리하고 있는 유서 깊은 사찰이다. 의림사 아래 이목리와 인곡리는 인곡천을 끼고 있어서 청정지역이라는 느낌을 준다. 인곡천 건너 '사랑의 병원'이라는 간판이 붙은 요양원 건물이 보인다.

순례 길을 가면서 도심을 지날 때는 물론 도심에서 가까운 시골에서 요양병원을 많이 보게 된다. 우리나라는 벌써 60세 이상 인구가 20%를 넘어섰고, 머지않아 25%가 넘는 초고령 사회로 진입한다는 통계가 있다. 이 문제를 해결하는 일이 앞으로 국가의 중요한 과제로 떠오를 것이다.

요양병원을 가리켜 어떤 이는 현대판 고려장이라고 부른다. 사람은 누구나 늙고 병들면 거동이 불편하게 되고, 병원에서 길게는 10년 가까이 신세를 지게 된다. 집에서 치매노인을 보살피게 되면 농경사회가 아

의림사 삼층탑

닌 현대 사회에서는 한 사람이 다니던 직장을 그만두어야 한다. 국가에서 지원하고는 있지만, 형제 자매간에 이 문제로 인해서 의리가 상하는 경우도 흔하다.

의림사 창건에 관련된 내용은 기록마다 달라서 구체적인 시기를 알기 어렵다. 절에 내려오는 이야기로는 삼국통일 직후 688년(신문왕 8년)에 위웅 대사가 봉덕사라는 이름으로 창건하였다 한다. 그 뒤 임진왜란 때 의병들이 숲처럼 모여들었으므로 의림사(義林寺)로 이름을 바꾸었다.

조선 중기 이전 절이 쇠락했음을 보여주는 기록이 있다. 이 지역에 수군이 주둔하는 병영이 있었는데, 의림사에 과도하게 부역과 공납을 요구하자 승려들이 떠나 절이 폐사 위기에 몰린 것이다. 이에 진해 현감이 〈장용영공문〉(1797년, 정조 21년)이라는 공문을 공포하여 이후로는 수탈하는 피해가 없었다.

의림사 모과나무(수령 250년)

1950년 전쟁으로 전각이 모두 소실되었다. 이후 대웅전을 중창하고 삼
성각과 요사 등을 새로 지었다. 의림사에는 대웅전·염불전·나한전·
삼성각·누각·요사 등이 있다. 대웅전은 1997년에 새로 지은 앞면 5칸,
옆면 3칸 규모의 전각이다. 안에는 금동으로 만든 삼존좌상(석가·관
음·지장)을 봉안했다. 탱화는 후불탱과 신중탱이 있다.

염불당은 흔히 볼 수 있는 이름이 아니다. 1960년대에 지은 앞 3칸, 옆
1칸의 작은 건물인데 안에는 관음보살을 모셨다. 그런데 왜 관음전이라
고 편액을 붙이지 않았을까? 궁금해서 물으니 그전부터 그렇게 내려왔
다는 대답이다. 염불당에는 수월관음·양류관음·용두관음상을 벽화
로 그렸다.

염불당 앞에는 삼층석탑(경상남도 유형문화재 제72호)이 서 있다. 염불당을 중심으로 삼층탑 왼쪽에 연꽃 문양 대석이 있다. 아마 석등을 세웠던 자리인 듯하다. 전각 계단 아래에 당간지주가 서 있다. 한 짝은 온전한데 한 짝은 기울어진 채 서 있다. 이런 구조로 보면 이 전각이 금당으로 쓰였던 듯하다. 절의 출입구에서 계단을 오르면 이 전각이 정면으로 보이는 구조도 금당으로 쓰였음을 뒷받침한다.

나한전에는 여래삼존상과 오백나한을 봉안하였다. 삼성각에는 칠성탱·산신탱·독성탱이 있다. 삼성각과 대웅전 사이에 250년 된 모과나무(천연기념물 제77호)가 있다. 우리나라에서 가장 나이 많은 모과나무라 한다. 모과나무에는 아직도 모과 몇 알이 달려서 초겨울 찬바람에 향기를 더한다.

창원 광려산

광
산
사

　광산사는 창원 광려산(匡廬山)에 있는 전통사찰이다. 광려산은 중국의 여산(廬山)을 닮은 산이라서 '려' 자를 따오고, 여산에 살았다는 신선 광유(匡有)에서 '광' 자를 합쳐서 붙인 이름이라 한다. 광산사를 중심으로 백련결사가 이루어졌기 때문에 한때 백련사로도 불렸다.

　광산사로 들어가는 산문 밖 마을에는 개울을 끼고 식당과 카페가 먼저 오가는 길손을 맞는다. 이 계곡은 여름에는 맑은 물이 흘러서 휴식처로 인기가 있다고 한다. 올겨울은 가뭄이 심해 개울이 말라 있고 하천을 정비하는 작업을 하고 있었다.

　개천가에 있는 카페에 들러서 잠시 쉬는데 커피를 내리던 주인이 광산사에 대한 간단한 정보를 주었다. 마을 어른들의 말에 따르면 6·25전쟁 때 피난 가면서 절에 있던 부처님을 업고 피난을 가서 폭격으로 대웅전이 불탔어도 부처님은 보존할 수 있었다는 것이다. 절은 마을 바로 위쪽에 있었는데 새로 지으면서 지금의 자리로 옮겼다고 한다. 전쟁이 끝나고 새로 지은 광산사는 광려산 중턱에 있다. 경사가 급해서 높은 축대를 쌓아 그 위에 법당을 지었다.

광산사는 665년(문무왕 5년)에 원효 대사와 중국의 은신 대사가 함께 창건하였다는 전설만 있고 구체적인 기록은 없다. 1799년(정조 23년)에 편찬된《범우고》에 사찰이 존재한다고 언급되어 있다. 〈광산사 중수 상량문〉에 의하면 1742년(영조 18년) 승려 빙연에 의해, 그리고 1805년(순조 5년) 승려 승흡에 의해 대웅전이 중건되었다. 조선 말기 대웅전을 중건할 때, 을사늑약의 부당성을 일갈한 '시일야방성대곡'을 쓴 애국지사 장지연이 상량문을 지었다.

광산사 통지선원

1950년 6·25전쟁 때 전각이 모두 불에 탄 것을 1960년대에 대웅전을 건립하면서 명맥이 이어졌다. 이어서 선원과 요사를 신축하고, 1999년에 공우 스님에 의해 현재의 극락전이 건립된 후 점차 전각을 보완하여 현재의 모습에 이르고 있다.

극락전에는 아미타삼존상이 봉안되어 있다. 아미타불을 중심으로 우협시보살은 대세지보살, 좌협시보살은 관세음보살이다. 삼존상의 본존인 아미타불상과 좌협시의 관세음보살상은 현대에 새롭게 만든 것이고, 우협시보살인 대세지보살상이 문화재(경상남도 유형문화재 제440호)로 지정되었다. 이 보살상은 고개를 약간 숙인 채 결가부좌하고 있다. 오른손은 가슴 위, 왼손은 왼쪽 무릎 위(중품하생인)에 연꽃 가지를 들고 있다. 극락전을 중심으로 좌우에 선원과 요사가 마주 보고 있으며, 선원의 한쪽에는 삼층석탑이 있다. 극락전 좌우에는 독성각과 산신각이 있다.

사찰 입구에는 대문의 역할을 하는 해탈문이 자리하고 있다. 현존하는 건물로는 해탈문·극락전·산신각·독성각·통지선원 및 요사를 갖추고 있다. 1912년 제주도에 법정암(지금의 관음사)을 창건할 때 이 절에 있는 탱화를 옮겨갔다고 한다.

남해안 108

성
지
순
례

7장

마산, 창원, 김해의 전통 사찰 순례 길

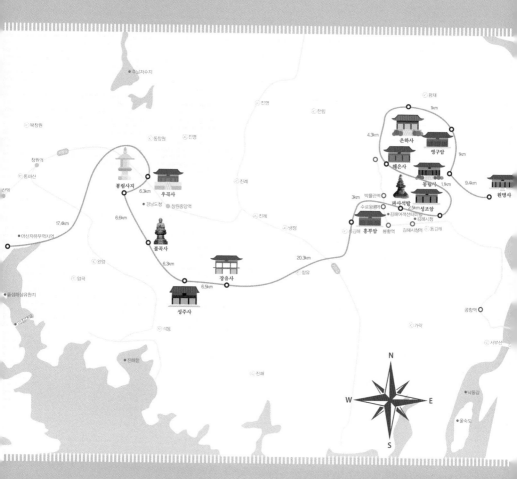

창원 광려산 광산사 ⇨ 11km ⇨ 마산 정법사 ⇨ 17.4km ⇨ 창원 전단산 우곡사 ⇨ 6.3km ⇨ 창원 봉림산 봉림사지
⇨ 6.6km ⇨ 창원 비음산 불곡사 ⇨ 6.3km ⇨ 창원 불모산 성주사 ⇨ 6.5km ⇨ 김해 불모산 장유사 ⇨ 20.3km ⇨
김해 임호산 흥부암 ⇨ 3km ⇨ 김해 수로왕비능 파사석탑 ⇨ 2.5km ⇨ 김해 분산성 성조암 ⇨ 1.1km ⇨ 김해 분산성
해은사 ⇨ 4.3km ⇨ 김해 신어산 은하사 ⇨ 1km ⇨ 김해 신어산 영구암 ⇨ 1km ⇨ 김해 신어산 동림사 ⇨ 9.4km ⇨
김해 백두산 원명사 ⇨ 16.6km ⇨ 부산 금정산 국청사

| 081 |
마산

정
법
사

    정법사는 마산시 추산동 도심에 자리하고 있는 사찰이다. 삼십여 년 전 내가 이 절을 처음 찾았을 때는 좁은 길옆에 축대를 쌓고 지은 작은 기와집 건물이었다. 그런데 지금은 옛 자취가 오간 데 없고 웅장한 4층 건물에 지장전·만불전 등 법당과 부속 건물들이 위엄 있게 들어서 있다. 상전벽해라는 말을 실감하게 한다. 십 년이면 강산도 변한다는데 삼십 년이나 지났으니 그럴 만도 하다.

    정법사는 지금까지 순례하며 지나온 팔십여 사찰 중에서 가장 생기가 넘쳐흐르는 사찰이라는 인상을 준다. 사찰 여기저기 눈에 띄는 조형물도 현대적 캐릭터 기법을 활용했다. 산령각 현판은 귀여운 호랑이를 캐릭터화해서 붙였다. 안에 있는 산신도 현대적 기법으로 조각한 조형물이다.

    일반적으로 우리나라 사찰은 전각의 현판을 필체만 다를 뿐 천편일률

정법사 설법전

적인 형태를 가지고 있다. 그에 비해 정법사 산령각 현판은 형태를 다르게 디자인해서 전통과 현대가 조화를 이루고 있다. 이처럼 창조적이고 참신한 발상은 불교가 과거로 인식되지 않고 현재로 만날 수 있게 한다.

정법사에 머무르는 동안 사찰 유치원에서 떠들썩하게 들리는 아이들 목소리는 한국 불교의 앞날을 이끄는 함성으로 들린다. 한국 불교가 쇠락의 길에서 번창의 길로 접어들기 위해서는 어린이 포교가 첫째 과업이라는 사실을 오래전부터 실감하고 있다. 삼십여 년 전 어린이 포교를 위해 불교 동화를 쓰려고 전국 사찰을 찾아다녔다. 불교 설화를 채록해서 《불교 이야기》를 출간할 때 열정이 지금도 식은 것은 아니다. 마산 포교당을 처음 방문한 인연도 불교 동화를 쓰기 위해 방학 중에 답사 온 것이었다. 그 결과 7권에 달하는 불교 동화책을 펴낼 수 있었던 인연에 감

정법사 33 관음상

정법사 오층탑

사한다.

정법사는 1912년 4월 8일 통도사의 마산 포교당으로 창건되었다. 이 당시 일본의 식민통치로 수탈과 탄압을 이기지 못한 한국인들은 무기력하게 당하기만 할 때였다. 이러한 현실을 보다 못해 통도사 주지 구하 스님(1872~1965년)이 부처님 힘으로 민생을 구제하고자 이곳에 도심 포교당을 건립한 것이다.

구하 스님은 일제의 무단통치에 맞서 큰 업적을 남긴 독립투사이기도 하다. 마산포교당은 불교가 산속에서 도심으로 나오는 도심 포교의 첫 장을 여는 선도적 역할을 하였다. 고암 스님도 한때 주석하면서 포교 활동을 펼쳤다. 이 무렵 불교학생회가 〈설산〉이라는 포교 잡지를 발간하는데 스님의 적극적인 후원이 있었다. 이 잡지는 불교학생회가 펴낸 전국 최초의 포교지다.

정법사는 경내로 들어서는 순간 지장전이 첫눈에 압도한다. 어느 사찰이나 대웅전이 첫 대면을 하는 것과 달라서

남해안 108 성지순례

신선한 느낌마저 든다. 정법
사 2층과 3층은 만불전이다.
벽의 사면에 만불을 모시고
불상마다 신도들의 이름표
를 달고 있다. 이름표가 붙은
불상은 신도들에게 소속감

정법사 산령각 현판

을 한층 높이고 신심을 더 돈독하게 하는 역할을 할 것이다.

4층에는 원통보전과 산령각과 종각이 있다. 원통보전에는 관음보살을 주불로 좌우에 여러 형태의 관음상을 조성하여 배치하였다. 단순히 불상을 봉안했다는 개념이 아니라 공간을 입체적으로 활용한 점 역시 현대적 감각을 살린 창의성이다.

정법사로 들어서면 우람한 법당 오른쪽으로 오층석탑이 있다. 기단부도 제대로 갖추지 않고 상륜부도 단순해서 눈길을 끌지 못한다. 조형미가 특별히 뛰어난 탑이 아니라서 1차 순례 때는 사진도 찍지 않고 그냥 지나쳤다. 2022년 1월 재방문했을 때 어떤 분이 탑에 대해 설명하고 있었다. 옆에 다가가서 들으니 이 탑은 왜정 때 세운 탑이고, 일인 석공이 제작하였다는 것이다. 설명을 듣고 보니 탑의 지붕돌(옥개석)이 일본에서 많이 보던 탑 형태다. 상륜부 보주와 보주를 받치고 있는 돌도 일본 탑의 모습이다. 탑을 설명하던 분은 문화재청 문화재 감정관이었다. 정법사 사지를 편찬하기 위해서 다른 연구원들과 이야기를 나누고 있었다. 그냥 스치고 지났을 법한데, 탑의 배경에 대해 설명을 들을 수 있었던 것은 행운이었다.

| 082 |

창원 전단산

우곡사

우곡사는 창원시 전단산 자락에 있다. 우곡사 주차장에는 약수를 받으러 온 차들이 꽉 들어차 있다. 산이 높고 청정해서 여러 가지 광물질이 녹아 있으므로 맛이 좋아 먼 곳에서도 약수를 받으러 온다고 한다.

약수터에서 법당으로 오르는 계단 오른쪽으로 오백 년 묵은 은행나무가 서 있다. 보호수로 지정된 은행나무의 높이는 11m, 나무 둘레는 7m라고 표지석에 적혀있다. 전하는 말로 이 은행나무는 벼락을 맞아 불이나면서 까맣게 타고도 살아났다 한다. 그래서 지금도 속이 텅 비어있고 아직도 불탄 자리에 검은 숯이 남아있다.

나는 이 나무를 보는 순간 조주 스님의 방하착(放下着)이라는 화두가떠올랐다. 벼락 맞아 까맣게 타서 속이 텅 빈 나무는 모든 욕망과 번뇌를다 태우고 깨달은 도인의 모습이다.

벼락 맞아(悟道) 속을 비우고(放下着) 텅 빈(空) 몸으로 나투신 부처님!

고승들의 오도 순간을 들어보면 그야말로 번개처럼 찰나에 깨달음을 얻는다. 석가모니는 설산에서 수행하던 중 샛별이 동녘 하늘에서 빤짝 빛나는 순간, 만해 한용운 스님은 백담사 오세암에서 한겨울 나뭇가지가 휘어지도록 쌓인 눈이 '우두둑'하고 떨어지는 소리를 듣고 오도를 맞는다.

'방하착'이라는 화두에 얽힌 이야기 두 편.

하나, 옛날 조주 스님의 제자가 오랜만에 스님을 찾아왔다. 제자는 스님에게 드릴 선물을 준비하지 못하고 와서 미안한 마음에, "스님, 제가

우곡사 은행나무

빈손으로 왔습니다." 하니, "내려놓아라(放下着)."라고 말했다. 제자는 "제가 아무것도 가지고 오지 않았는데 무얼 내려놓으라 하십니까?" 하니, "그럼 들고 있거라." 순간 제자는 깨달음을 얻었다.

둘, 한 스님이 길을 가는데 "사람 살려! 사람 살려!" 하는 다급한 목소리가 들렸다. 소리 나는 곳을 보니 맹인이 낭떠러지에서 미끄러지며 나뭇가지 하나를 부여잡고 다급하게 소리를 지르고 있었다. 스님이 보니 맹인이 잡은 나뭇가지에서 바닥까지는 한 뼘이나 될까 말까 한 높이였다. 스님은 맹인에게 "그 나뭇가지 잡은 손을 놓으시오."라고 말했다. 맹인은 "손을 놓으면 떨어져 죽으라는 말이오?" 하며 애원했다. 스님이 "살고 싶으면 손을 놓으시오(放下着)." 하고 가버렸다. 맹인은 스님이 떠난 뒤에도 버티다가 힘이 지쳐서 나뭇가지를 놓을 수밖에 없었다. 나뭇가지를 놓았기 때문에 맹인은 고통에서 벗어날 수 있었다.

　우리는 너무 많은 것을 가지고 살아간다. 가진 것을 놓지 않으려고 안간힘을 쓰고, 더 많은 것을 가지려고 욕심을 부리다가 신세를 망치기도 한다. 사람은 죽을 때 아무것도 가지고 갈 수 없는데도 왜 죽는 순간에 이르러서야 모든 것이 다 허망함(一切皆空)을 깨닫게 되는 될까?

　우곡사는 832년(흥덕왕 7년)에 성주산문의 개산조 무염(無染) 스님이 창건하였다고 전한다. 그러나 폐사되었다가 조선 말기에 이 지방의 큰 부자였던 구만호라는 신도가 절을 중창하였다. 절에 그 공덕을 기리기 위해 초상화를 그려 봉안했는데 근래에 도난당하였다. 우곡사는 폐사지에 1970년대 대웅전·삼성각·산신각·종각·요사를 지어 오늘에 이른다.

　우곡사에는 이 절을 창건했다는 무염 국사 진영이 있다. 무염 국사는 불교사를 통해서 법명을 알고 있었지만 직접 뵙기는 처음이다. 오래전 송광사에서 수련회를 마치고 회향 때 연비를 뜨고 받은 법명이 무염(無染)이다. 무염 국사에 대해서 어렴풋이 알고 있었는데, 이렇게 무염 국사 앞에 서니 나도 모르게 무릎을 꿇고 머리를 숙였다. 속세에 물들지 말라고 지어준 법명이 무염인데, 그동안 오계를 제대로 지키지 않고 살아온 삶이 마냥 부끄럽다.

창원 봉림산

봉
림
사
지

봉림사지는 경상남도 창원시 봉림산에 있다. 봉림리 아파트 단지를 벗어나 좁은 길을 오르면서, "과연 절터가 있을까?" 하는 의문이 든다. 왜냐하면 계곡이 너무 좁고 경사가 급해서 절터가 있을 것 같지 않다.

대개 절터는 좌청룡 우백호가 뚜렷한 장풍득수의 명당 터에 있다. 그런데 여기는 바람을 막아줄 청룡백호가 형성되지 못하고 계곡물도 급해서 재물과 인재가 머물지 않고 빠져나가는 형국이다.

어설픈 풍수 지식을 동원해 상상하며 가파른 길을 올랐다. 오르다 보니 절이 있을 법한 정상 부근에 '봉림농장'이라는 간판을 붙인 건물이 보인다. "저곳은 절이 있을 터가 아닌데?"라고 생각하며 개울에 놓인 다리를 건너 조금 더 올라갔다. 그제야 오른쪽으로 화살표가 있는 봉림사 안내판이 비스듬히 서 있다.
봉림사로 들어가는 입
구는 동굴 안으로 들어가
는 문처럼 대나무가 빽빽
하게 서 있다. 대숲 터널
을 지나 "그렇지, 절이 있
을 곳은 여기가 맞네." 하

봉림사지 출입구

면서 폐사지에 발걸음을 들여놓았다.

폐사지에는 발굴하고 남은 터에 돌무더기만 보인다. 안내 표지판에는
김수로왕과 허황옥(서기 47년)의 아들 7왕자가 출가한 곳이 이곳 봉림
산 가야정사라고 적혀있다. 통일신라 때 가야정사는 봉림선문으로 성장
하였다. 근세에 이르러 용성 조사의 유훈에 따라 정토회(지도법사 법륜
스님)에서 봉림사지를 구입하였다. 이곳에 절을 복원하기 위해 터를 관
리하고 있다.

봉림사지(경상남도 기념물 제127호)는 창건과 관련해서 다음과 같은
이야기가 전한다. 통일신라 말엽에 진경 대사(眞鏡大師, 855~923년)가
이곳으로 와서 머물렀다. 효공왕(897~912년)이 특사를 보내 경배의 뜻
을 표하고 '봉림사'라는 사액을 내렸다. 이후 봉림사는 크게 확장되었
고, 통일신라시대 선종구산 가운데 하나인 봉림산파의 중심 사찰이 되
었다. 진경 대사의 법을 전해 받은 제자의 수가 한때 오백여 명에 이르
렀다고 한다. 발굴을 통해 출토된 기와 편에 '봉림산 보제사(鳳林山 普
濟寺)'라는 명문기와가 나온 것으로 보아 한때 보제사라는 사명을 쓴 것

으로 보인다.

이 절의 폐허에 관하여 다음과 같은 이야기가 전한다. 조선 후기에 밀양에 살고 있던 어느 유학자가 명당 터임을 알고 이곳에 묘를 쓰려하였다. 조선에서 승려는 여덟 가지 천민, 즉 노비·백정·무당·광대·상여군·기생·장인(기술자)과 함께 팔천 가운데 하나였다. 유자들은 횡포를 부리며 스님들을 천하게 대했다. 밀양 유자는 승려들의 반대가 강하여 뜻을 이루지 못하자 시신이 없는 빈 상여로 스님들을 다른 곳으로 유인하여 속이고 그 틈을 타서 묘를 썼다. 그 뒤 절은 폐허로 변했고 그 집안 또한 망했다.

이 절과 관련된 유물은 진경대사 부도탑·탑비·삼층석탑이 있다. 폐사지에 있던 진경대사 부도탑(보물 제362호)과 탑비(보물 제363호)는 왜정 때 경복궁으로 옮겼다. 지금은 국립중앙박물관으로 다시 옮겨서 보관하고 있다. 탑과 탑비를 경복궁으로 옮기면서 세운 석주 표지석이 서

봉림사지 연못

남해안 108 성지순례

있다.

절에 있던 삼층석탑(경상남도 유형문화재 제26호)은 일본인이 밀반출하기 위해 부산으로 가져갔다. 해방 후 다시 찾아와 창원 상복초등학교 교정에 세워 보관하고 있다. 탑의 기단은 2층이었을 것으로 보이나 여러 차례 옮겨 다니면서 많이 깨져 나가 일부만 남아있다. 3층을 이루고 있는 탑신부는 손상된 부분이 있으나

봉림사 삼층석탑(상복초등학교 교정)

비교적 잘 보존되어 있다. 탑의 상륜부인 머리장식 노반과 노반을 받치는 복발은 남아있다.

봉림사 터는 3차에 걸쳐 발굴조사를 시행하여 '鳳林寺'라는 명문이 새겨진 기와 조각 등 많은 유물이 수습되었다. 절의 사역으로 지정된 면적은 동서로 약 180m, 남북으로는 약 120m 정도가 된다. 사지의 중심에 연못이 있고 작은 산의 형태가 남아있다. 봉림사지는 1993년 경상남도 기념물 제127호로 지정되었다.

084

창원 비음산

불
곡
사

불곡사는 창원 비음산 남쪽 아파트 단지에서 길을 건너 산기슭에 있는 전통사찰이다. 불곡사는 고려 초 진경 국사가 창건했다고 하나 문헌 기록은 없다. 불곡사가 구산선문의 일파인 봉림산문에 속하므로 인근에 있던 봉림사 창건과 비슷한 시기에 진경 국사에 의해 창건되었을 것이라는 추정에서 나온 설이다. 봉림사 폐사지에서 불곡사까지의 거리는 대략 4km 정도이므로 거리나 시간상으로 볼 때 그러한 추정은 가능하다.

불곡사가 언제 어떤 연유로 폐사되었는지는 알 수 없다. 다만 임진왜란의 병화에 전소된 불곡사지에서 석조비로자나불좌상(보물 제436호)을 수습함으로써 불곡사 재건의 단초를 마련하게 된다. 그 후 비로전을 건립하여 그곳에 수습한 비로자나불을 모시고 차례로 가람을 중창하였다.

불곡사 뒤편에서 불상과 무수한 기와 조각이 흩어져 있는 것으로 보아 큰 절이 있었을 것이다. 주민들은 여기를 '부처골'이라 불렀다. 절 이름도 부처골을 한자로 옮겨 '불곡사'라고 쓴 것이다. 당우로는 비로전·명부전·관음전을 비롯하여 일주문·세음루·승당·산신각·요사채 등이 있다.

불곡사 비로자나불좌상은 불신과 대좌가 온전

불곡사 비로자나불(보물 제436호)

하게 남아있다. 불상은 육계가 분명한 나발, 즉 곱슬머리에 얼굴은 둥글고 단아하다. 백호는 눈썹 사이로 약간 내려와 있다. 두 손은 가슴 앞에서 포개어 전형적인 지권인(智拳印)이다. 오른손은 불계를 표시하고 왼손은 중생계를 표시하는 것으로 중생과 부처가 둘이 아니고(不二) 일체라는 깊은 뜻을 나타내고 있다. 형체는 왼쪽 다리 위에 오른쪽 다리를 포갠 결가부좌의 자세다. 법의의 주름은 어깨와 가슴이 단정한 통견이다. 가슴이 넓게 노출되었고 팔과 다리에 얇게 접힌 주름은 평행 계단식이다.

불곡사 일주문

일주문(경상남도 유형문화재 제133호)은 원래 창원부 객사 3문 가운데 하나였다. 1882년 웅천향교로 옮겨졌고, 1914년 창원향교와 통합될때 건물이 헐리고 문만 남아있던 것을 1943년 우담 화상이 현재의 불곡사로 옮겨 왔다고 한다.

일주문은 맞배지붕의 다포계이다. 4개의 기둥을 일렬로 배치하고 창방과 평방을 얹고 동서 기둥 위에 각 한 마리씩의 용두를 얹었다. 중간 두기둥 위에 남북으로 각각 두 마리씩의 용두를 얹어 여섯 마리의 용을 입체감 있게 조각하였다. 동쪽 주두 위에는 거북이, 서쪽 주두 위에는 호랑이를 조각하여 얹어 놓았다. 다른 곳에서는 볼 수 없는 걸작이다.

085

창원 불모산

성주사

성주사는 불모산 서북쪽 기슭에 자리한 전통사찰이다. 한때 웅신사(熊神寺)로 부르기도 했다. 성주사는 규모가 크고 역사가 깊으며 포교 활동도 왕성하다. 시내 남양동 아파트 단지에 룸비니유치원, 봄가을에 불모학당 개설, 불교교양대학 운영 등 신행과 교육 불사를 활발히 전개하고 있다.

절의 창건에 대한 기록은 없으며 설화만 전한다. 구전에 따르면 성주사는 신라 때 무염 국사가 창건했다고 한다. 당시 남해안에는 왜구들이 출몰하여 그 피해가 극심하였다. 이때 지리산에 있던 무염 국사가 불모산에 와서 신통력으로 신병을 불러 모아 왜구를 물리쳤다. 이에 흥덕왕(826~836년)이 기뻐하며 전답과 노비를 하사하고 절을 짓게 하여 성인이 머무는 절이라는 뜻으로 성주사(聖住寺)라고 불렀다.

임진왜란 때 절이 모두 불타서 1604년(선조 37년)에 진경 대사가 중건
하였다. 대사가 가람을 중건하다가 힘에 부쳐 있을 때 어느 날 밤에 곰이
나타나 쌓아둔 목재를 모두 운반해 놓았다. 절을 중건한 뒤 곰의 은혜를
기리는 뜻에서 웅신사(熊神寺), 또는 곰절이라고도 불렀다. 성주사는 18
세기 중엽 이후에 활발한 불사가 진행되었다. 현대에 들어서서 1994년
영산전 · 관음전 · 지장전 · 원주실 · 요사를 중수하고, 1995년 창원시에
서 재원을 조달하여 대웅전을 보수하는 공사를 벌였다.

　성주사는 유서 깊은 절이라서 많은 성보문화재를 보유하고 있다. 등록
문화재는 다음과 같다. 목조석가여래삼불좌상(보물 제1729호) · 감로왕
도(보물 제1732호) · 동종(경상남도 문화재자료 제267호) · 석가삼존십
육나한상(경상남도 유형문화재 제500호) · 삼층석탑(경상남도 유형문화

재 제25호) · 대웅전(경상남도 유
형 문화재 제134호) · 석조지장시
왕상(경상남도 유형문화재 제501
호) · 석조관음보살입상(경상남도
유형문화재 제335호).

대웅전은 조선 후기에 지은 건물
이다. 앞면과 옆면이 모두 3칸씩이
며 다포계 맞배지붕이다. 법당에
는 목조석가여래삼불좌상(보물 제
1729호)을 모셨다. 무염 국사를 비
롯해서 정대 선사 · 찬훈 대사의 진
영이 봉안되어 있다.

무염국사 진영

영산전에는 석조삼존불상과 십육나한상 · 천부상 · 동자상 · 사자상
등이 봉안되어 있다. 석가모니불을 중심으로 두건을 쓴 제화갈라보살과
보관을 쓴 미륵보살로 구성된 삼존상을 모셨다. 이 구성은 과거불 · 현
세불 · 미래불을 나타낸다.

지장전에는 지장보살을 중심으로 무독귀왕과 도명존자상을 봉안하고
좌우로 시왕상을 봉안했다. 감로도는 지옥에서 고통받는 중생을 부처님
말씀, 곧 감로로 구제하는 모습을 그린 불화다. 감로도에는 당시의 시대
상을 반영하는 내용을 그린다. 하단에 수중전투하는 모습이 묘사된 것으
로 보아 임진왜란을 치른 뒤에 그렸을 것이라는 생각이 든다.

관음보살입상은 원래 불모산 계곡의 보타전이라는 보호각에 있었다.

2006년 지장전을 새로 지으며 옮겨왔다. 수인은 가슴 위에서 오른손 바닥을 앞으로 보이고 왼손은 배 위에 얹은 설법인이다. 전체적인 표현 형태로 보아 고려시대의 마애불 양식이다.

삼층석탑은 기단 하층은 없고 하대갑석을 지대석으로 하여 기단을 얹었다. 탑신과 옥개석, 지면에 닿은 하대갑석만 고려시대 조성 당시 부재이고 상대갑석과 상륜부는 보수한 것들이다.

동종은 높이 111cm, 직경 84cm, 무게 600근의 조선시대 종이다. 용뉴부에 음통이 없고 쌍룡으로 용뉴를 장식했다. 종신에는 보살상을 새겼다. 전체적으로 거칠지만 조선시대 범종의 특징을 보여준다.

절에 들어서서 계단을 오르면 제일 먼저 돼지 두 마리가 반겨준다. 계단 위 오른쪽에 돼지 석상 한 쌍을 조각하여 절에 오는 사람의 마음을 포근하게 해준다. 절에 뱀이 많아서 천적인 돼지 석상을 만들어 두었다고 한다.

성주사 목조삼존불좌상(보물 제1729호)

김해 불모산

장
유
사

　장유사는 장유계곡을 따라서 올라가면 있다. 불모산 자락에 두 갈래
로 내려오는 긴 계곡은 산림이 울창하고 맑은 물이 폭포를 이루어 빼어
난 경관을 펼쳐 보인다.

　관광단지에서 장유사로 오르는 길은 조금 가파르다. 계곡을 따라 걸으
면 사계절 내내 아름다운 경치를 보면서 몸과 마음이 단련될 것 같다. 그
래서인지 겨울인데도 오르는 사람들이 많다.

　가야는 우리나라에 불교가 처음 들어온 불교의 나라였다. 교과서에서
는 불교 전래시기를 《삼국사기》의 고구려 소수림왕 2년(372년) 진나라
에서 승려 순도가 불상과 불경을 가져온 것이 처음이라고 가르친다. 그
런데 《삼국유사》〈가락국기〉와 〈파사석탑〉 조에는 서기 48년 인도의 아
유타국 공주 허황옥이 배를 타고 들어와 불교를 전래했다고 기록하고 있

장유화상 사리탑

다. 허황옥은 풍랑을 잠재우려고 석탑을 싣고 왔다. 이 기록을 따르면 우리나라 불교 전래는 서기 372년보다 300년쯤 앞당겨진다.

허황옥이 올 때 오빠 허보옥(장유 화상)도 함께 왔다. 장유 화상이 절을 짓고 오래 머물렀던 곳이 장유사다. 장유사가 있는 지명이 장유면이다. 장유사는 임진왜란 때 모두 불타서 중창했으나 다시 불타 없어지고 한동안 폐사지로 방치되었다. 장유사는 1935년 12월 중건했는데 1950년 한국전쟁이 일어나 다시 전소되는 비운을 맞았다. 그 뒤 1955년 '장유사 사적비'를 세운 것을 보면 이 무렵 절을 중건한 것으로 보인다. 1982년에 대웅전과 칠성각·염불당·종각 등을 중수하였다.

장유사 성보문화재는 '장유화상기적비'와 사리탑(경상남도 문화재자료 제31호)이 있다. '장유화상기적비'는 장유 화상의 행적을 새겨 1915년 세웠으나 글씨가 마모되어 알아보기 어렵다. 기적비 옆에 장유 화상의 사리탑이 있다. 임진왜란 때 왜군이 탑을 훼손하고 부장품을 빼내 가면서 무너지고 흩어진 부재들을 모아 뒤에 다시 세웠다 한다. 이 말을 들으니 분노가 치밀고 한편 제 것을 제대로 지키지 못한 부끄러움이 한꺼번에 몰려온다.

장유사 대웅전 매화꽃문   장유화상 진영

　대웅전은 1994년에 지은 전각이다. 대웅전은 팔작지붕에 앞면 5칸, 옆면 3칸 규모다. 앞면에 꽃살문이 아름답게 조각되어 있는데, 어간문에는 연꽃문과 모란문을 도상화하여 새겼다. 바깥쪽 문에 매화 · 국화 · 난초 · 대나무 사군자를 투각으로 새겨 달았다.

　삼성각은 대웅전 오른쪽에 축대를 쌓아 소규모로 지었는데 앞면 3칸, 옆면 2칸의 구조다. 안에는 금동관음보살상을 주불로 모시고 칠성탱, 산신탱, 독성탱과 장유화상 진영을 봉안하였다.

　대웅전 옆에 석재들이 흩어져 있다. 마당에도 여러 종류의 유물들이 있다. 위짝이 없는 맷돌 · 돌구유 · 돌확과 용도를 알 수 없는 것도 있다. 눈길을 끄는 것은 돌확 안에 둥그렇고 큰 공이가 있는 석물이다. 공이 모양을 보면 곡식을 가루로 만들기 위한 용도가 아니라 다른 용도로 쓰인

듯하다.

　처음 보는 물건이어서 궁금했는데,《남해안 108 성지순례》에는 빠져 있으나 부은사에서 꼭 같은 것을 발견했다. 부은사에는 인도에서 가져온 요니를 용왕당 옆에 전시해 두었다. 요니는 아기를 낳게 해달라고 기원하는 일종의 암석 숭배 신앙이다. 우리나라도 성기를 닮은 바위나 미륵의 코가 남성을 상징한다고 해서 기도하는 풍속이 있었다. 절에서는 유물을 절 마당에 버린 듯 관리하고 있다. 하찮은 돌 조각이라 하더라도 잘 보관하고 선조들의 숨결을 느끼게 했으면 좋겠다.

김해 임호산

홍부암

홍부암은 김해의 중심부에 솟아있는 임호산 꼭대기 부근에 있는 사찰이다. 아래에서 보면 홍부암은 산꼭대기 깎아지른 절벽에 매달려 있다는 느낌이다.

홍부암으로 오르는 길은 기울기가 급경사라서 걸어서 오르기도 숨차다. 절은 깎아지른 절벽에 축대를 쌓아서 터를 마련하고 지었다. 절에서 손을 뻗쳐 넘어지면 김해 시내가 손에 잡힐 듯 가깝게 보인다.

전설에는 아유타국의 허황옥이 올 때 함께 온 오라버니 장유 화상이 54년에 수로왕의 명을 받고 창건했다고 한다. 오랫동안 폐사로 있었는데 조선 순조 때 부사 유상필이 중건하였다. 유학자인 부사 직분으로 절을 중창했다는 사실이 뜻밖이다. 임호산은 풍수지리로 볼 때 호랑이가 웅크리고 있는 형국인데, 입에 해당하는 부분에 절을 지어 호환을 없애고 고

137

을(府)이 흥(興)성하기를 바라서 흥부암(興府庵)을 지은 것이다.

이 절은 1985년 5월 화재로 전소한 것을 1989년 11월 복원하여 오늘에 이른다. 호암산 풍수지리 사상은 호랑이 모습을 한 대웅전의 주춧돌로 지금도 남아있다. 〈흥부암 중수기〉에 따르면 1700년(숙종 26년) 중수하고, 1760년(영조 36년)에도 중수하였다. 또 19세기 중반에도 김해부 차원에서 중건 불사를 이어 온 것은 다른 지방에서는 찾아볼 수 없는 특이한 사례다.

절 입구로 들어서면 축대로 쌓아 지은 종각의 벽에 석가모니 부처님 벽화가 그려져 있다. 벽화의 왼쪽에 두 개의 돌기둥이 일주문의 역할을 한다. 건물은 절터가 좁은 관계로 대웅전과 산령각 종루만 있고 스님이 머물 좁은 요사가 있다.

대웅전 안에 모신 석조보살좌상 (경상남도 유형문화재 제459호)은 옛날 절이 불탈 때 남은 협시불 중 하나로 보인다. 보살의 수인 형태로 보아 우협시 관음보살인 듯하다. 머리에 보관을 쓰고 결가부좌하고 있으며 친근한 느낌을 준다. 이 불상은 관음보살인데 전각에는 대웅전이라고 현판을 붙였다. 관음전이 아니고 대웅전이라고 한 것은 아마도 화재로 떠나간 석가

흥부암 대웅전

모니 부처가 돌아오기를 고대한다는 의미가 아닐까? 관음보살의 좌우에 아난존자와 가섭존자를 협시로 봉안했다. 탱화는 후불탱을 비롯해 칠성탱·신중탱·독성탱이 있다.

산령각은 워낙 좁은 공간에 축대를 쌓아서 지은 관계로 앞과 옆면이 각 1칸으로 아주 작은 규모다. 안에는 산신탱과 나한도 두 폭이 있다. 흥부암은 호랑이의 기운이 센 임호산에 있으므로 산신기도가 영험하기로 알려져 있다. 명부전도 앞과 옆면이 각 한 칸씩의 규모로 지었다. 안에는 금동지장보살상과 후불탱이 있다.

김해 수로왕비능

파사석탑은 김수로왕 신화에 나오는 구지봉 가까이에 있다. 파사석탑의 비밀을 밝히기 위해 수로왕릉을 함께 들러보는 것이 필요하다. 수로왕릉에서 눈여겨볼 것은 '수로왕릉 중건 신도비' 이수(머릿돌)에 조각한 풍차처럼 생긴 태양 문양이다.

대개 신도비의 가첨석 이수는 용 문양을 새긴다. 태양 문양이 있는 것은 허 왕후의 나라 아유타국의 태양숭배와 관련이 있다고 본다. 또 왕릉으로 들어서는 정문 문지방 위에 두 마리 물고기를 그린 쌍어문도 이곳에서만 볼 수 있다. 한양대 김병모 교수는 이러한 문양들이 인도와 연관이 있다고 말한다.

가락국의 '가야' '가락'이라는 말이 고대 인도어인 드라비아어인데 그

뜻이 '물고기'라 한다. 물고기는 인도에서 신성한 동물로 여겨서 지금도 인도여행을 할 때 물고기 문양을 많이 본다. 집에 물고기 장식을 하거나 장신구는 물론 택시에도 물고기 조각과 문양이 그려져 있다. 이 지방에서 물고기는 신성한 동물의 상징인 토템으로 자리 잡았기 때문이다.

파사석탑

김해지역의 산 이름에 '신어산', '만어산'처럼 고기 어(魚) 자를 쓴 것도 혹시 연관이 있는 걸까? 불화나 불상을 조각하는 사람을 금어(金魚), 불교 음악인 범패를 하는 스님을 어산(魚山)이라고 하는 것도 무관하지 않을 것이다. 수미단에는 반드시 물고기 문양을 새기거나 그림을 그린다. 수미단은 세계의 중심인 수미산을 의미하고, 물고기는 수미단의 부처님을 옹위하는 수호신의 상징이다.

아무튼 우리나라 불교 전래에 인도는 직접적인 연관이 있다. 불교의 많은 부분이 중국을 통해서 유입된 것은 사실이지만, 초기 불교의 경우 육로보다 교통이 원활했던 해상으로 들어왔을 가능성이 크다. 해상 교류로 문화가 유입된 흔적은 남인도 타밀어와 우리말에 동의어가 많다는 점도 눈여겨 볼만하다. 언어의 경우 친족을 칭하는 용어는 잘 변하지 않으므로 친족어를 통해서 상호관계를 연구한다.

남인도와 스리랑카를 답사하면서 깜짝 놀란 일이 있다. 시장을 둘러보고 있는데 뒤에서 '엄마'하고 부르는 소리가 나서 뒤를 돌아보았다. 여행

왕비능과 파사석탑

을 온 한국인들이 있는 줄 알았는데 인도사람들이 시장으로 출마한 여성
의 포스터를 가리키며 부르는 말이었다. 가이드에게 물어보니 그 여시
장이 너무 행정을 잘해서 여기 사람들이 엄마라고 부른다는 것이다. 물
론 엄마는 우리의 엄마와 같은 의미로 쓰인다고 한다.

  연구자들에 따르면 한국어와 타밀어의 어휘 가운데 400~500개 단어가
발음이 같거나 유사하다고 보고 있다. 예를 들어 '나'는 타밀어로는 '난', '너'
는 '니' 이다. '풀'과 '님'과 '메뚜기'는 뜻과 발음이 똑같다. 타밀어 '궁디'는
경상도 방언 궁디(엉덩이)와 같다. '빗자루'는 '짜루', '쌀'은 '브살'이라 한
다. '쌀'의 표기가 고어에서 '쓸'인 것은 타밀어 '브살'을 한 개의 글자로 표
기한 것이다. 신라 신화에서 석탈해는 배를 타고 들어 온 도래인인데 '탈
해'도 타밀어로 추장, 왕을 일컫는 말이다.

《삼국유사》〈가락국기〉에 보면 서기 48년 아유타국 공주 허황옥이 배를 타고 망산도로 들어온다. 그 배 안에는 칠보와 노비를 비롯해 풍랑을 막기 위해 돌탑을 싣고 왔다. 이 탑은 《삼국유사》〈금관성파사석탑〉에도 기록되어 있다. 파사석탑(경상남도 문화재자료 제227호)은 원래 사면이 모가 나고 무늬가 있는 돌로 만든 오층석탑이다. 우리나라에서 나오는 돌이 아니고 닭의 피를 찍으면 응고하지 않고 흡수되는 계혈석이라고 《삼국유사》에 기록하고 있다.

30여 년 전 파사석탑을 답사하기 위해 김해에서 병원을 운영하는 허명철 원장을 만났다. 허 원장은 아유타에 직접 가서 돌을 가져와 시험했더니 돌의 재질이 파사석탑과 일치한다는 결과를 얻었다고 하였다. 병원 한쪽에 파사석탑의 조형물을 석고로 만들어 세워놓은 것도 보았다. 그 탑의 모형은 위쪽이 넓고 아래로 갈수록 좁아지는 형태였다. 우리가 생각하는 탑의 형태를 뒤집어 놓은 모습인데 고대 인도의 스투파 형식이 위아래를 역삼각형처럼 세웠다 한다.

지금 파사석탑은 우리가 흔히 보는 석탑처럼 아래쪽 돌이 넓은 형태다. 폐사된 호계사에서 옮기는 과정에서 우리나라 탑의 일반적 형태로 뒤집어 세웠다는 것이다. KBS스페셜에서 현지 조사와 실험 과정을 특집으로 방영하기도 했다.

파사석탑은 풍랑을 막아주는 신령한 탑이라고 어부들이 믿었다. 고기잡이 나갈 때 모퉁이를 조금씩 떼어가는 풍속이 있어서 지금 모습으로 훼손되었다고 한다. 내가 처음 방문했을 때는 보호각 없이 왕비능 앞쪽에 덩그러니 놓여 있어서 탑을 손으로 만져볼 수 있었다.

김해 분산성

성
조
암

성조암은 김해 분성산 아래 활천 고개에 자리한 전통사찰이다. 성조암은 수로왕의 아들 거등왕이 아버지인 수로왕의 극락왕생을 위해 창건했다는 전설이 있다. 절 이름 성조(聖祖)는 바로 수로왕을 일컫는 말이다. 성조암에는 수로왕의 영정을 모셔놓고 제를 지낸 사찰이다. 사찰에 불이 났을 때도 영정은 타지 않아서 영험이 깃든 사찰로 알려졌다.

성조암 약수는 맛이 좋아서 많은 사람이 찾는 명소다. 약수가 나오는 곳에 용왕단을 만들고 바위에 용왕을 조각했다. 용왕단을 만든 까닭은 수로왕비가 바다로 건너올 때 용왕이 보호했다는 이야기를 연상시켜 용왕신앙이 자연스럽게 이어진 것으로 생각한다.

그동안 절이 쇠락해서 명맥만 유지해 오다가 1961년 법당을 해체할 때 상량문에 '함풍'이라는 연호가 적혀 있었다. 함풍은 청나라 연호로 1851~1861

년에 해당하므로 이 기간에 대웅전을
지었음을 알 수 있다. 1962년 산령각
을 중수하고, 1984년 대웅전을 중창했
다. 2009년 성조각을 복원하여 김해에
서 수로왕 제를 지내는 유일한 절이다.

성조암 성조각

　절에는 대웅전을 비롯해 산령각과
칠성각·성조각이 있다. 절로 올라가는 왼쪽에 성조각이 쓸쓸하다. 안
에는 불상만 모셨을 뿐 수로왕과 관련되는 유물이나 진영도 없다. 성조
각을 제대로 꾸미지 못한 것은 절의 형편과도 관련이 있는 듯하다. 김해
에는 전통사찰로 지정받은 절만 10개나 된다. 전통사찰로 지정받지 못한
사찰까지 포함하면 절마다 신도의 수가 많지는 않을 것이다. 성조암에도
신도들의 발걸음이 활발하지 못하다는 느낌을 받았다.

성조암 용왕단

김해 분산성

해은사

해은사는 분산성(사적 제66호) 안에 있는 전통사찰이다. 해은사로 오르다 보면 김해 가야테마파크가 있다. 테마파크는 놀이 · 체험 · 전시 · 공연을 위한 문화 공간이다.

테마파크에서 조금 더 가면 분산성 성곽이 보인다. 분산성은 고려 말에 왜구의 침입이 잦아 돌로 쌓은 성이다. 조선 초기 옛 산성을 복원하여 쌓았으나 임진왜란 때 무너져 1871년(고종 8년)에 중수하였다. 산성의 주위 둘레는 약 900m이며 남북으로 긴 타원형을 이룬 성벽이다.

분산성에 들어서면 넓은 분지 만장대에 해은사가 있다. 높은 곳에 있으므로 사방이 탁 트여 낙동강이 넓은 평야를 유유히 흐르는 모습을 볼 수 있다. 서쪽과 동쪽으로 김해시가 한눈에 들어온다.

해은사는 말 그대로 바다의 은혜를 기리는 절이다. 수로왕비 허황옥이 인도에서 배를 타고 올 때 보호해준 바다 용왕의 은혜를 갚는다는 뜻으로 창건하였다고 한다. 절의 창건에 대한 전설만 있을 뿐 문헌 기록은 없다. 절은 몇 차례 없어지고 세워지기를 반복했다. 현재의 큰 법당인 영산전은 오십여 년 전에 다시 지었다.

해은사 산신각

해은사에는 금당인 영산전을 중심으로 지장전·대왕전·산신각과 요사가 있다. 대왕전에는 수로왕 및 왕비의 영정이 봉안되어 있다. 영정에 대해서 해설하는 글에는 조선시대 영정 가운데 가장 오래된 영정이라고 쓰여 있다.

영정 앞에 허 왕후가 가져왔다는 몽돌이 있다. 소원을 들어주는 영험이 있다고 하여 많은 사람이 찾는다. 사찰의 규모는 작지만 옛 모습을 간직한 불상·영정·진신사리·파사석탑 등이 있어서 색다른 정취를 느끼게 한다. 영산전 뒤편 넓은 터에 파사석탑 원형을 복원하여 세우고 진신사리를 봉안했다. 진신사리가 해은사에 오기까지의 사연이 안내판에 소개되어 있다.

소개 글을 요약하면 이렇다.

인도에서 중국으로 불교가 전래되면서 부처님 진신사리도 함께 전해져 불사리탑을 조성하였다. 송나라 때 불사리탑에 봉안되어 있던 부처

해은사 진신사리탑

님 진신사리를 꺼내어 친견 법회를 열었다. 그때 한 비구승이 사리를 나누어 많은 사찰에 사리탑을 조성할 것을 발원하였다. 사리는 여러 인연을 거쳐 소동파에게 전수되었다. 그 후 청조에 이르러 금석문 대가 옹방강 선생에게 전하였다.

이때 조선의 사신으로 온 젊은 추사 김정희에게 '조선의 불교가 다시금 꽃 피웠으면 좋겠소.' 하면서 간직하고 있던 경전과 진신사리를 주었다. 추사는 대흥사 혜장 선사에게 전하고, 제자 초의 선사를 거쳐 법손인 응송 화상이 3과는 연화사 칠층석탑에 모시고 3과는 해은사 파사석탑에 모시게 되었다.

남해안 108 성지순례

091

김해 신어산

은
하
사

은하사는 임진왜란 때 전소되어 1644년(인조 22년)에 중창하였다. 은하사 옛 이름은 서림사였다. 신어산 서쪽에 있으므로 서림사라고 불렀다는 설과 절을 창건한 장유 화상이 서역에서 왔으므로 서림사라 불렀다는 이야기가 전한다. 신어산 동쪽에 동림사가 있다. 은하사는 규모가 큰 사찰이어서 대웅전을 중심으로 명부전·칠성각·나한전·삼성각·보제루·응진전·전통문화전수관 종각과 여러 동의 요사가 있다.

대웅전(경상남도 유형문화재 제238호)은 정면, 측면 각 3칸으로 정사각형에 가까운 맞배지붕 형태다. 앞면은 기둥 위에 봉황의 머리를 조각하고 연꽃을 조각하여 화려하게 장식하였다. 그런데 뒷면은 너무 단조로워 대조된다. 2003년 해체 보수할 때 벽화 32점은 떼어 수장고에 보관하고 현재의 벽화는 원형을 모사한 것이다.

은하사 오층석탑

　대웅전에는 목조관음보살좌상을 주
존으로 봉안하였다. 관음보살을 주존
으로 모시고 대웅전이라는 현판을 붙
였다. 흥부암과 같은 현상이다. 이 보
살상은 아마도 1644년 절을 중창할 때
봉안한 것으로 보인다.

　명부전에는 금동지장보살상을 주존
으로 도명존자와 무독귀왕이 협시하
고 있다. 좌우로 십육나한상과 권속들
을 배치하였다. 1986년 명부전을 해체
복원할 때 벽화 2점이 나왔는데 18세기에 조성한 것으로 추정된다. 삼성

은하사 옛이름 서림사 현판 전각

각에는 칠성탱을 비롯해서 산신탱과 독성탱이 봉안되어 있다.

　대웅전과 종무소 사이에 큰 바위를 기단석으로 삼아 오층석탑을 세웠다. 기법으로 볼 때 1층 옥개석을 제외한 나머지는 다른 시기에 조성해서 세운 것이라는 생각이 든다. 전체적으로 균형이 맞지 않고 안정된 느낌을 주지 못한다.

092

김해 신어산

영구암

영구암은 은하사에서 500m 떨어진 신어산 중턱에 있다. 영구암은 가파른 산길을 올라가야 한다. 계단은 앞사람 발뒤축이 코에 닿을 정도로 가파르다. 가파른 계단을 오르다 보면 능선에서 뻗어 내린 기묘한 형상의 절벽이 가로막는다. 영구암은 바로 신어산 공룡능선이 뻗어 내린 줄기 바위산 암벽 밑에 있다.

영구암은 가락국 장유 화상이 창건했다는 전설만 있을 뿐 창건에 관한 기록은 없다. 영구암이라는 이름은《신증동국여지승람》(1530년)에 보이므로 오래전부터 존재했음을 알 수 있다. 영구암은 산의 형국이 거북을 닮은 데서 유래했다. 이곳은 신령스러운 거북의 기운이 강한 터라 영험이 많은 절이라고 한다. 그래서 한때 참선 공부하는 사람들이 많이 찾아 남방 제일 선원으로 꼽히기도 했다.

주변이 깎아지른 험준한 암벽이라 조선 후기 들어서 사세가 기울었지만 법등은 꾸준히 이어왔다. 1950년 한국전쟁으로 소실된 법당을 다시 지었다. 그러나

영구암 칠성탱

한동안 버려져 풀숲이 우거졌던 절을 2020년 7월부터 선공 스님이 주지로 부임하면서 정비하여 신도들의 발걸음도 잦아지고 있다.

절에서 가장 오래된 유물은 삼층석탑(경상남도 유형문화재 제473호)이다. 탑에서 내려다보면 김해 시내가 한눈에 들어온다. 삼층석탑은 각 층의 지붕돌인 옥개석의 경사면이 완만하다. 단면의 높이와 너비의 비례도 날렵한 편이다. 옥개석 하단의 받침은 3단으로 조각했다. 탑은 많이 훼손되어 탑신이 없고, 노반과 복발이 하나의 돌로 조각되어 고려시대 석탑의 상륜부 특징을 보여준다.

대웅전은 1960년대 지은 건물이다. 화강암 벽돌로 벽채를 쌓고 기와를 얹었다. 안에는 삼존불을 모셨는데 주불과 우협시불 지장보살은 근년에 조성했다. 왼쪽 협시불은 원래 이 절의 법당에 있었던 약왕보살이다. 이 보살상은 조선시대에 조성한 것으로 추정된다.

삼성각에는 독성상과 1911년에 조성된 칠성탱(경상남도 유형문화재

영구암 삼층석탑

제504호)을 봉안하였다. 칠성신앙은 사람의 수명장수를 관장하는 신앙인데 도교에서 받아들였다. 칠성탱은 북극성을 상징하는 치성광여래와 북두칠성을 상징하는 칠성여래를 그렸다.

칠성탱 구조는 중앙의 치성광여래를 중심으로 일광보살과 월광보살을 작게 그리고 좌우로 칠성여래를 배치했다. 왼쪽 끝에는 도교의 치성광여래에 해당하는 자미대제를 추가하였다. 화면 아래는 도교의 칠원성군을 그렸다. 이 그림은 보존처리하는 과정에서 복장물이 발견되어 1910년 완호낙현이 그렸음이 밝혀졌다. 담백한 색채를 사용하면서도 명암을 달리하여 입체감을 주고 섬세한 안면부 표현, 착의의 장식 문양 등 격조가 있는 그림이다.

동 림 사

전하는 말로 동림사는 허 왕후의 오빠 장유 화상이 창건했다 한다. 장유 화상은 인도인 서역을 위해 서림사를 세우고, 동쪽인 가야국을 위해 동림사를 세웠다고 전한다. 두 절은 모두 임진왜란 때 불탔는데 서림사는 중건해서 은하사가 되었고, 동림사는 폐사지로 내려오다가 화엄 스님이 1983년부터 13년에 걸친 불사를 일으켜 오늘날의 모습을 갖게 되었다.

1985년 불교설화 채록을 위해 학생들과 함께 김해 지방에 답사를 왔을 때, 동림사에 큰스님이 계신다고 알려주어서 동림사를 방문한 적이 있다. 그때는 동림사를 오면서 찻길이 닿지 않아 아랫마을에 차를 두고 산길을 걸어서 올라온 기억이 난다.

동림사에 왔을 때 수염이 멋지게 난 스님을 만났는데 바로 화엄 스님이

동림사 대원보전

었다. 마치 옛날 초상화에서나 볼 수 있는 인물을 만난 듯 수염 기른 스님이 낯설면서 '멋지다'는 생각을 했다. 스님은 호방하게 우리를 맞아주며 공양주 보살에게 먹을 것을 가져오게 했다. 우렁찬 목소리로 영구암·서림사·모은암·부은암 등 김해의 불교에 대해서 들려주었다. 동행한 여학생들 관상을 보아주고 앞으로 운세가 펴서 잘 살 것이라는 덕담과 함께 붓글씨를 써주기도 했다. 스님이 계신 요사는 넓은 방이었는데 벽에 붓글씨가 걸려 있고 방바닥에도 벼루와 먹과 화선지가 널려 있었다. 스님의 글씨는 거칠면서 힘이 들어가 있다. 지금 동림사 전각에 걸린 현판과 주련은 모두 화엄 스님의 독특한 이른바 화엄체로 쓴 작품이다.

스님은 2차 대전 때 일본군 군의관으로 끌려갔는데 잠결에 어머니가 부르는 소리를 듣고 밖으로 뛰쳐나간 사이에 막사가 폭격을 맞아 모두

죽고 혼자만 살아남게 되었다. 어머니는 아들이 끌려가자 그날부터 지극정성으로 지장기도를 하여 아들을 살렸다고 믿고, 스님도 지장기도의 영험을 입었다고 믿어서 지장보살을 모신다고 했다.

대웅전 뜰에는 지장보살상이 늘어서 있는데 어딘가 다른 곳으로 옮겨 가기 위해 대기하고 있는 듯하다. 화엄 스님을 은사로 출가한 묘허 스님이 있던 원명사에도 지장보살상이 있는데 혹시 여기 있던 지장보살을 옮겨 세운 건 아닐까?

동림사의 전각은 근년에 중창했으므로 오래된 건물이 없다. 석탑도 새로 조성한 것이고 나란히 서 있는 지장보살상도 마찬가지다. 지장보살상 옆으로 화엄 스님의 사리탑과 비석이 있다. 일주문 옆에도 지장보살 입상을 세웠다. 큰 법당 편액이 '대원보전'인 것을 보면 지장신앙을 으뜸

동림사 천수천안보살

으로 하고 있음을 알 수 있다. 법당에는 지장보살을 무독귀왕과 도명존자가 협시하고 있다.

지장보살 오른쪽 벽면에 천수천안보살만다라를 걸었다. 천수천안보살은 말 그대로 손이 천 개고 눈이 천 개인 보살이다. 중생들이 '나무관세음보살'을 부르면 언제 어디서든 다 듣고 보고 제도해 준다는 믿음이 있다. 관세음보살을 부르는 많은 중생을 두 개의 눈과 두 개의 손으로 다 보고 듣고 제도할 수 없으므로 눈이 천 개 손도 천 개나 가지게 되었다.

신라의 향가 〈도천수대비가〉는 한쪽 눈이 보이지 않게 된 딸을 위해 어머니가 기도하며, "보살님은 눈이 천 개나 되니 눈 하나를 떼어서 가엾은 딸에게 주옵소서." 하며 부른 노래다.

동림사 한쪽 담벼락 밑에 탑의 부재를 모아 두었다. 남아있는 석재의 조각 형식으로 보아 신라 말 고려 초기 탑 양식으로 보인다. 기회가 되면 이 석재를 써서 탑을 복원하는 것도 좋으련만, 이미 법당 앞에는 오층석탑을 새로 조성하여 세웠다.

094

김해시 백두산

원
명
사

원명사는 김해시 대동면 백두산에 있는 사찰이다. 산 이름은 우리나라 명산인 백두산과 같은데, 이 산은 김해에 있고 높이도 352m밖에 안 되는 작은 산이다.

원명사는 가락국 때부터 있던 절이며 한 때 등복사라는 이름으로 불리던 때도 있었다. 자세한 연혁은 알 수 없고 1920년대 장씨 성을 가진 보살이 건칠지장보살을 모시고 살았다. 지장보살을 모시고 부산에서 일본으로 건너가려 하는데 꿈에 한 스님이 나타났다. 일본으로 가지 말고 절을 지어 모시라는 계시를 받고 되돌아왔다.

원명사는 터가 옹색하지 않고 넉넉한 편이라서 편안한 느낌을 준다. 지금도 꾸준한 불사를 하고 있어서인지 생동감을 느끼게 한다. 축대를 쌓고 나무를 심고 마당에 자갈을 깔아서 새집 같은 신선함도 있다.

　지장전도 예전의 높은 집을 낮추고 넓혀 중수하였다. 안에 봉안했던 건칠지장보살은 단양 방곡사로 이전하여 새로 조성한 지장보살의 점안식(2020년 12월 11일)을 준비하고 있었다. 지장전 옆으로 석조지장보살상이 서 있다. 원명사 회주 묘허 스님이 동림사 화엄 스님을 은사로 출가하였으므로 화엄 스님의 지장신앙을 이어받은 영향이라는 생각이 든다. 경내에는 크고 작은 지장보살상들이 곳곳에 있어서 지장 도량임을 알게 해준다.

　이곳은 지장 도량으로 이름이 나 있는데, 재난이나 국난을 당했을 때 지장보살이 눈물을 흘리는 것으로 알려져 있다. 사찰 관계자는 지장보살상이 노무현 전 대통령 서거일 즈음에도 눈물을 흘렸다고 귀띔했다.

　원명사는 보물 제961-2호로 지정한 《묘법연화경》을 소장하고 있다.

그밖에 지장보살본원경(경상남도 유형문화재 제392호), 육경합부(경상남도 유형문화재 제519호), 석씨원류(경상남도 유형문화재 제539호), 예수시왕생칠재의찬요(경상남도 유형문화재 제515호) 등이 있다.

사리(수장고)

소장고로 쓰이는 묘법당에는 옛날 고서, 불경, 크고 작은 불상, 사리, 도자병풍, 기와편 등이 정리되지 못한 채 쌓여있다. 상태로 보아 모두 오래된 유물로 보이는데, 특히 자

점안식을 기다리는 지장보살

기로 구운 8폭 불화 병풍이 눈길을 끈다.

출처가 국내인지 외국인지 알 수 없지만 여러 불상들도 오래된 유물이라는 느낌이 든다. 주로 묘허 스님이 수집했다 하는데 하루빨리 성보박물관을 지어 그 유물들의 출처가 어디인지 분류하고 해설하여 절을 방문하는 사람들에게 소개하는 날이 오기를 바란다.

남해안 108

성지순례

8장

부산의 전통 사찰 순례 길

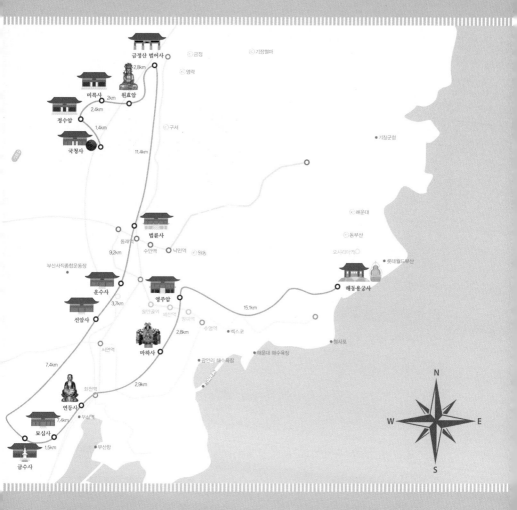

김해 백두산 원명사 ⇨ 16.6km ⇨ 부산 금정산 국청사 ⇨ 1.4km ⇨ 부산 금정산 정수암 ⇨ 2.4km ⇨ 부산 금정산 미륵사 ⇨ 2km ⇨ 부산 금정산 원효암 ⇨ 2.8km ⇨ 부산 금정산 범어사 ⇨ 11.4km ⇨ 부산 학소대 법륜사 ⇨ 9.2km ⇨ 부산 백양산 운수사 ⇨ 3.7km ⇨ 부산 백양산 선암사 ⇨ 7.4km ⇨ 부산 구계산 금수사 ⇨ 1.5km ⇨ 부산 수정산 묘심사 ⇨ 7.4km ⇨ 부산 팔금산 연등사 ⇨ 2.9km ⇨ 부산 금련산 마하사 ⇨ 2.8km ⇨ 부산 배산 영주암 ⇨ 15.1km ⇨ 부산 기장 해동용궁사

095

부산 금정산

국
청
사

   국청사는 금정산성(사적 제215호) 안에 있는 신라시대의 고찰이다. 국청사는 의상(623~702년) 대사가 창건하였다고 전해온다. 《국청사지》에는 동래부사 송상현이 임진란 때 희생된 승병 수백 명의 신위를 모시고 제사를 받들고 있다고 보고한 기록이 있다. 이러한 사실로 미루어 보면 국청사는 의승군들의 주둔지로 사용되었을 가능성이 있다. 금정산성 승장인(僧將印; 부산광역시 문화재자료 제44호)은 승군을 지휘한 장수의 인장이므로 승군의 규모가 컸음을 말해준다.

   금정산성 축조 당시에는 전체 건물이 백 칸에 이를 정도로 큰 규모의 사찰이었다고 한다. 그러나 국청사는 18세기 이후 사세가 기울었다. 최근 삼성각(1978년)을 짓고, 연못에 삼층석탑(1982년), 대웅전(1990년), 보장 각(2016년)을 짓는 등 중창의 기운을 맞고 있다.

국청사 연못 삼층탑   정현덕 영세불망비

국청사 일주문은 다포식의 맞배지붕이다. 사찰의 입구에 세우는 일주문은 사찰에 들어가기 전 흐트러진 마음을 하나로 모아 진리의 세계로 향하라는 의미와 기둥이 일직선을 이루듯 일심으로 정진하라는 상징적 의미가 있다.

대웅전은 팔작지붕으로 정면 5칸, 측면 3칸 규모로 범어사 대웅전(보물 제434호)을 그대로 본떠 지었다. 대웅전 안에는 본존불인 석가여래불을 문수보살과 보현보살이 협시하고 있다.

삼성각은 우진각 지붕에 정면과 측면 모두 1칸의 소규모 전각이다. 안에는 칠성탱·독성탱·산신탱이 있다. 국청사 소장 금고(부산광역시 유형문화재 제93호)는 '강희 5년'이라는 명문을 통해 1666년(현종 7년)에 제작하였음을 알 수 있다. 반자라고도 부르는 금고는 대중을 모으기나 의식 거행을 알릴 때 쓰는 불구로 현재 성보박물관에 보관하고 있다.

　연못 가운데 세운 삼층석탑은 '지장보살본원삼층석탑'이라고 부른다. 전쟁 중 나라를 지키다 순국한 승병들을 천도하기 위해 1982년 창봉 스님과 혜성 스님이 조성했다. 전하는 이야기에 산성이 폐허로 버려져 있을 때 어떤 힘이 장사인 스님이 국청사에 머물게 되었는데 밤마다 전쟁으로 죽어간 사람들의 신음과 동물의 울음소리가 들리는 것을 견디지 못하고 떠났다고 한다. 이곳 국청사 법당에서 염불할 때도 신음과 짐승들의 울음소리가 나서 도저히 기도할 수 없었다. 그래서 연못에 '지장보살본원삼층석탑'을 세우고 천도재를 지낸 뒤 신기하게도 그러한 소리가 사라졌다고 한다.

국청사 일주문

남해안 108 성지순례

연못 옆에 정현덕 영세불망비가 있다. 국청사를 중건하고 천도재를 지내준 동래부사 정현덕(1810~1883년)을 기리기 위해 1872년(고종 9년) 명신 스님과 평윤 스님이 세웠다. 비석의 흔적을 알 수 없었는데, 1982년 대웅전 뒤쪽에서 비석의 상체가 두 쪽이 난 상태로 발견되어서 원래 자리에 다시 세웠다.

096

부산 금정산

정
수
암

금정산성 안에는 미륵사 · 국청사 · 정수암이 전통사찰로 지정되어 있다. 정수암은 해월사의 후신으로 조선 후기 진묵 대사가 창건한 범어사의 말사다. 삼성각 앞에서 맑은 정수가 솟아나 정수암이라 불렀다고 한다.

산성마을에 구전되어 오는 노인들의 말에 따르면 빈대가 들끓어서 스님들이 떠나고 절(해월사)이 폐사되었다. 전국적으로 폐사된 절 가운데 '빈대 절터' 전설을 가진 곳이 여러 곳이다. 빈대 절터는 한때 많은 스님이 머물렀는데 점점 빈대가 늘어나 살 수 없게 되자 빈대를 잡기 위해 절에 불을 질렀다는 것이다. 지금도 기왓장을 들추면 거기에 빈대가 타고 남은 재가 하얗게 남아있다는 증거도 덧붙인다.

빈대가 하얗게 남은 흔적이라는 화소가 말하는 의미는 무엇일까? 설화연구가 최래옥 교수는 폐사의 원인이 유학자들의 횡포에 있음을 의미한다고 분석하였다. 빈대는 흰옷을 입은 유자라고 해석한다. 흰옷 입은 유자들이 절에 지나치게 부역과 세금을 물려서 결국 절이 폐사되었다는 것이다.

정수암은 신라 흥덕왕 때 창건되었다고 전한다. 정수암은 조선 후기 인근의 국청사와 함께 대규모 승병의 주둔지로 알려진 해월사였다. 해월사가 화재로 인해 소실되고 중건하면서 정수암으로 이름을 바꾸었다고 추정한다.

1990년 삼성각에서 해월사의 현판 2장과 〈해월사법당상량기〉(1708년),《중창기》(1766년), 〈중창상량기〉(1795년) 등 3편의 묵서가 발견되어 정수암이 해월사 후신이라는 사실을 알게 되었다. 해월사 현판 2장의 〈중창상량기〉에는 1745년(영조 21년, 건륭 10년) 9월 3일에 건물을 헐

정수암 북극전

정수암 5층 사리탑

어 새롭게 중수했다고 적
혀있다.

부산교육원의 도로가 절
터 한 가운데로 나면서 절
터를 남북으로 갈라놓았
다. 수련교 북쪽은 논밭으
로 개간되어 농사를 지어

오다가 근래는 버려져 황무지로 잡초만 우거져 있다. 정수암 앞과 부산
교육원 및 야영장 밑의 논밭까지 약 2만여 평이 해월사지라고 추정한다.

정수암은 대웅전과 북극전 그리고 부속 건물들이 있다. 대웅전은 맞배
지붕이며 정면 3칸, 측면 2칸의 규모로 삼존불을 봉안하고 있다. 석가모
니불을 중심으로 좌우에 미륵보살과 제화갈라보살이 협시하고 있다. 석
가여래삼존불은 그리 크지 않은 규모이나 조선 후기의 양식을 나타내고
있다. 후불탱은 지금으로부터 130년 전에 조성된 것으로 화기에 기록하
고 있다. 1976년 조성된 지장탱과 신중탱이 있다.

북극전은 정면 4칸, 측면 1칸 규모의 익공식 맞배지붕 건물이다. 안에
는 칠성탱·산신탱·독성탱이 있다. 북극전이라는 말은 다른 절에서 흔
히 볼 수 없는 이름이다. 칠성신앙과 관련되는 이름이므로 흔히 칠성각
이라 불리는 전각이다.

경내 중앙에 1983년에 조성된 오층 불사리석탑이 있다. 오층 불사리
석탑은 칠성탱화 틀 속에서 발견된 사리 15과를 봉안하기 위해 1983년
에 조성하였다.

097

부산 금정산

미
륵
사

　미륵사는 금정산성 북문에서 약 700m 떨어진 곳에 있다. 금정산성 북문은 금정산 주봉인 고당봉의 남쪽 1km 지점에 있다. 북문에서 등산로를 따라 1.6km 내려가면 범어사가 나온다.

　미륵사는 원효 대사가 세웠다는 설만 있을 뿐 창건에 관한 문헌 기록은 없다. 금정산 미륵봉 아래 굴속에 이무기가 살다가 용으로 승천해서 미륵암이라 불렀다는 설과, 염화전 뒤 바위가 마치 화관을 쓴 미륵처럼 생겨서 미륵암이라 불렀다는 설이 전한다. 미륵사에는 일주문이 없다. 노적가리 바위가 일주문 대신 염화전의 좌우로 자리 잡고 있다. 노적가리 바위가 있어서 미륵사를 찾는 사람은 "양식 걱정이 없고, 절대 굶어 죽지 않도록 한다."라는 이야기가 전한다.

　염화전의 우측으로 산신각 올라가는 계단 옆에 '쌀바위'라는 팻말이 있다. 원효 대사 당시에 매일 하루 먹을 만큼 쌀이 나왔는데, 어느 날 한 사미승이 더 많은 쌀이 나오게 하려고 구멍을 막대기로 쑤신 뒤부터 쌀 대신 물이 나오게 되었다는 설화가 전한다. 이 같은 '쌀바위' 전설은 전국 여러 사찰에 전하고 있다. 삼독심(三毒心, 貪嗔癡: 욕심·성냄·어리석음) 가운데 욕심을 경계하는 교훈을 주는 설화다.

미륵사 경내 염화전 뒤편의 거대한 바위는 스님이 좌선하는 모양과 같다고 해서 좌선바위라고 부른다. 해가 진 뒤 어두워지면 그 형상이 드러난다고 한다.

미륵사는 독성기도 영험으로도 이름난 사찰이다. 독성각은 암벽 아래 좁은 공간에 지었다. 안에는 마애불처럼 독성상을 새겼다. 보통 절에서 독성각에 나반존자상을 따로 조각하여 봉안하는데 여기는 화강암에 직

미륵사 독성각과 산신각

남해안 108 성지순례

접 양각하였다.

미륵사 소장《불설대보
부모은중경》(부산광역시
문화재자료 제107호)은 한
문 원문과 함께 한글(언해)
풀이 내용 및 변상도도 함
께 그렸다. 17세기 초기 한
글 연구 및 경상도 지역의

미륵사 마애 독성상

방언 연구, 그리고 도상의 연구에서 중요한 자료적 가치를 가진 불경
이다.

미륵사 염화전

098

부산 금정산

원
효
암

이 암자는 통일신라 때 원효 대사가 미륵암과 함께 세운 것으로 알려져 있다. 원효암은 무량수각과 제일선원이라는 3개의 편액을 함께 걸었다. 안에 있는 목조관음보살좌상(부산광역시 유형문화재 제96호)은 일제시대에 일인이 가져갔는데, 꿈에 고향으로 돌려보내 달라는 끈질긴 요구에 시달리다 못해 부산 세관에 버리고 갔다. 그 관음보살을 범어사로 옮겼다가 원효암에 봉안하였다.

이 관음보살상은 복장 유물을 조사하면서 1674년(현종 15년)에 조성되었음을 확인하였다. 복장 유물은 세종 때 효령 대군이 간행한 《묘법연화경》〈다라니〉〈조성발원문〉 등 삼십여 점이 나왔다.

이 불상은 폐사된 영은사에 있던 아미타불의 협시보살인 관음보살로 추정된다. 본존불은 영은사 옆 함양 백운암에 봉안되어 있다. 백운암 아미타불 복장에서도 원효암 발원문과 거의 같은 내용이 나와서 두 불상이 같은 데서 나왔을 가능성을 짐작할 수 있다. 나머지 한 불상도 어딘가 남아 있을 가능성이 있다.

관음보살좌상은 나무로 만들어 도금하였다. 두 팔과 보관은 따로 조성하여 몸체와 결합하였다. 겉옷(대의)의 안쪽에 치마(군의)를 착용하고, 대의는 두 어깨를 모두 덮는 통견식이다. 치마는 가슴 앞쪽까지 높게 착용하고 띠 매듭 선을 묘사하였다. 아래쪽에 복장 유물을 넣은 구멍이 뚫려있다.

아미타삼존상탱(부산광역시 유형문화재 제141호)은 화기에 1892년에 금어 해규가 제작하였다고 기록되어 있다. 구성은 좌협시 관음보살, 우

원효암 일주문

175

원효암 동편 삼층석탑

협시 대세지보살을 그렸다. 아미타여래는 녹청색 두광에 백색 연화대 위에 서서 수인은 내영인을 하고 있다. 19세기 아미타내영도풍의 그림이다. 상단에 채운 장식을 하였다.

원효암으로 들어가는 입구에 삼층석탑(부산광역시 유형문화재 제11호)이 있다. 원효암의 동쪽에 있으므로 동편 삼층석탑이라 부른다. 탑의 형식으로 보아 신라 말, 고려 초에 조성된 것으로 보인다. 석탑은 기단부와 상륜부가 없고 탑신부만 지대석 위에 놓여 있다. 1층 탑신과 옥개석은 하나의 돌로 조각하였다. 2층과 3층은 재질이 다르므로 후대에 보완한 것으로 보인다. 서편 삼층석탑(부산광역시 유형문화재 제12호)은 기단과 탑신, 지붕돌만 남아있다. 탑의 지붕돌이 파손된 것으로 보아 무너진 것을 다시 세운 것으로 보인다.

099

부산 금정산

범어사

　범어사는 678년(문무왕 18년) 의상 조사가 창건하였다. 《범어사사적기》에 따르면 금정산 산꼭대기에 오십여 척의 바위가 솟아있는데, 그 바위 한가운데 금색 물빛 샘이 있으며, 범천(梵天)의 고기가 놀아서 산 이름을 금정산(金井山)이라 하고 절을 범어사(梵魚寺)라 하였다.

　범어사는 많은 고승대덕과 선승을 배출한 수행사찰로 오랜 전통과 많은 문화재를 보유한 사찰이다. 범어사는 신라 화엄십찰의 하나로, 또 임진왜란 때는 서산 대사가 범어사를 사령부로 삼아 왜구를 진압한 호국사찰이다. 일제 강점기 3·1운동 때는 '범어사 학림의거'라는 독립만세운동을 일으켰다. 암자에서 비밀리에 태극기를 만들어 전국에 배포하였다. 한편 서울과 동래·김해·마산 등에 포교당을 세우고 불교진흥운동과 독립운동의 하나로 근대 교육운동에 앞장서기도 했다.

범어사 삼층석탑(보물 제250호)

범어사의 가람배치는 상중하 3단으로 구성되어 있다. 제일 상단에 대웅전을 중심으로 한 가람배치, 중간에 보제루 주위의 당우들, 하단에 일주문·천왕문·불이문을 중심으로 하는 건물들이 있다.

범어사 성보문화재는 대웅전(보물 제434호)을 비롯하여 삼층석탑(보물 제250호)·일주문(보물 제1461호)·동서삼층석탑(보물 제250호)·당간지주(부산광역시 유형문화재 제15호)·석등(부산광역시 유형문화재 제16호)·팔상독성나한전(부산광역시 유형문화재 제63호) 등의 문화재가 있다.

대웅전은 임진왜란 때 불에 타서 1602년에 중건, 1613년에 중수한 맞배지붕 다포식 건물이다. 내부는 2개의 옥내 기둥을 세워 후불벽을 치고 삼불좌상을 모셨다.

범어사 동서삼층석탑(보물 제250호)은 대웅전 앞에 있다. 이 탑은 흥덕왕 10년에 세웠다. 이중(二重) 기단에 3층으로 쌓은 탑이다. 기단 면석에 탱주를 대신하여 코끼리의 눈 모양인 안상을 새겨 넣었다. 일제 때 탑을 수리하며 기단에 판석을 덧대서 탑신과 불균형을 이루고 있다.

범어사로 들어가는 일주문(조계문, 보물 제1461호)은 높은 돌기둥 위에 짧은 나무 기둥을 세웠다. 보기에도 안정되고 건축미가 은은하게 배어 나오는 걸작이다. 남해 지방의 일주문들은 주춧돌 역할을 하는 돌이 길고 나무가 짧은 특징이 있다. 이러한 형태는 남해안에 비바람이 많으므로 나무 기둥이 쉽게 썩지 않도록 하는 지혜라고 볼 수 있다.

　일주문은 3칸으로 구성되는데 이러한 문을 삼해탈문이라 한다. 《대지도론》에서 삼해탈문은 공해탈문(空解脫門), 무상해탈문(無相解脫門), 무원해탈문(無願解脫門)이라 말한다. 공해탈문은 모든 현상이 인연 따라 모이고 흩어지므로 근원이 없다고 관조하라는 문이다. 무상해탈문은 모든 존재는 저마다 자성이 있으므로 차별상을 내지 말라는 문이다. 무원해탈문은 모든 현상은 실체가 없으니 욕심을 내지 않는 선정에 들라는 문이다. 이 삼해탈문에 들어서면 불법의 요체를 깨달아 일체에 어긋나지 않으며 걸림이 없다고 하였다. 일주문은 이 세 가지 진리의 이치를

범어사 대웅전(보물 제434호)

깨달아 해탈을 얻기 위한 문이다.

불이문은 범어사로 통하는 마지막 문이다. 이 문의 기둥에는 근대의
고승 동산 스님이 쓴 주련이 있다.

神光不昧 萬古輝猷 부처님의 광채는 밝아 만고에 길이 빛나니
入此門內 莫存知解 이 문안으로 들어서면 안다는 생각을 버려라

범어사 주변에는 천연기념물 제176호로 지정된 등나무 군생지가 있
다. 이곳에는 6,500여 그루의 등나무가 자생하는 곳으로 해마다 늦봄 보
라색 등나무 꽃이 필 무렵에는 우리나라 어디에도 볼 수 없는 진귀한 풍
경이 연출된다.

100

부산 학소대

법
륜
사

　법륜사는 동래구 칠산동 학소대에 있는 사찰이다. 학소대는 학이 모여 사는 곳이라는 뜻인데, 노송이 우거진 얕은 동산에 우뚝 솟은 절벽이 있어서 붙여진 이름이다. 지금은 도시가 확장되어 도심 가운데 자리하고 있다.

　법륜사는 1898년 불교 교육과 포교를 위해 범어사의 동래 포교당으로 창건되었다. 범어사가 1800년대 말, 부산지역 포교를 위해 개설한 포교당은 모두 다섯 개다. 이 중 서면과 영도지역 등 네 개 포교당은 모두 없어지고 동래 포교당만 그 명맥을 유지하고 있다. 일백여 년의 역사를 통해 근대 영남 불심을 이끌어 온 본거지라 할 만큼 대중포교의 중심에 있어 온 사찰이다.

　일제 강점기에 1921년부터 문을 연 '싯달야학교'를 통해 야학운동을 통

한 문맹 퇴치와 3.1운동의 본거지로서 민족정기를 배양하던 곳이다. 법륜사는 포교당으로서 종교적인 기능뿐 아니라 교육과 계몽을 통해 독립정신을 기르는 기능까지 담당했다.

야간학교를 통해 배출된 스님들과 가난한 농민의 자제들이 당시 민족독립운동의 일원으로 활약하였다. 이들은 동래 지역의 3·1운동과 그 이후 전개된 여러 사회운동에 깊이 관여하여 사회의 지도자로서 활약하였다. 해방 후에도 부산지역 최초의 불교 유치원인 '법륜 유치원'을 개원하고 일찍이 중고등부와 청년법회를 개설하였다. 당대의 고승을 모시고 매년 봉행해 온 화엄 산림 법회는 현재까지 이어지고 있다.

법륜사는 대웅전과 극락전, 범종루와 요사 등으로 이루어져 있다. 대웅전은 2층 건물로 1층은 종무소와 요사, 2층은 법당이다. 법당에는 금

법륜사 종루

동석가여래삼존불을 봉안하고 있다. 대웅전 바로 앞 삼층석탑에는 진신
사리를 봉안하였다

극락전 오른쪽에 '학소대'라는 편액이 붙어있는 건물은 선원 겸 승방으
로 쓰인다. 2층 누각 형태로 지어진 범종루는 사찰의 일주문을 겸하며,
하층 벽면에 사천왕도가 그려져 있다. 사찰로 오르는 길목 오른쪽으로
법륜유치원과 법륜회관이 있다.

101

부산 백양산

운수사

운수사는 백양산에 있는 범어사의 말사다. 운수사라는 이름은 경내에 있는 약수터에서 안개가 피어올라 구름이 되는 것을 보고 지었다는 이야기가 전한다. 운수사 창건에 대해서 확실히 알려진 바는 없으나 전하는 말에는 가야 때 절을 세웠다고 한다. 또 원효 대사가 선암사를 창건하고 산을 넘어와 이곳에 운수사를 지었다는 설도 있다. 임진왜란 때 전소되고 1660년(현종 1년)에 중건하였다.

〈동래부지〉(1740년)에는 '운수사의 처음 이름이 산수암이다.'라고 되어 있다. 그런데 《여지도서》(1757년, 영조 33년), 《해동지도》(18세기 중엽)에 운수사라는 이름이 나온다. 《영남읍지》(1894년), 《동래부지도》(19세기 중엽)에 범어사와 운수사 건물을 더 크게 그린 것으로 보아 규모가 있는 사찰이었음을 짐작할 수 있다.

운수사 대웅전(보물 제1896호)은 소규모 건물임에도 장엄과 격식을 갖춘 건물이다. 이 건물은 조선 중기의 건물로서 잘 정제되고 뛰어난 기법의 목조 건물이다. 2013년 대웅전 전면 해체 수리 때 종도리에서 발견된 두 개의 묵서에 의해 1647년에 공사를 시작해서 1655년에 완공된 것으로 확인된다. 또 현판의 기록에서 1660년에 중수되었음을 알 수 있다.

대웅전 규모는 정면 3칸, 측면 3칸 규모의 단아한 주심포계 맞배집이다. 자연석 초석 위의 기둥은 모두 민흘림한 둥근 기둥을 세웠다. 모서리 기둥 아래는 기둥 높이의 반 정도까지 원형 돌기둥을 세워 나무 기둥을 받치고 있다. 이는 범어사 대웅전과 조계문, 국청사 일주문 등 부산 동래 지역 건축물에서 볼 수 있는 지역적 특성이다. 건물에 남아있는 '묵죽도' 등 4점의 벽화는 창건 또는 18세기 중수 때에 그려진 것으로 추정되고 있다.

운수사 대웅전(보물 제1896호)

법당에는 목조석가삼존불좌상이 봉안되어 있다. 양식으로 볼 때 대웅전이 중건된 17세기에 조성한 것으로 추정된다. 본존여래좌상은 높이가 80cm로 비교적 작은 편에 속하지만 상호와 자세가 단정하고 조각 기법이 깔끔하여 당시 불상의 전형적인 작품으로 꼽을 만하다. 후불 탱 역시 같은 시기에 조성한 것으로 보인다.

대웅전의 위쪽에 대웅보전이 있다. 1993년에 지은 앞면 5칸, 옆면 3칸의 규모다. 안에는 금동석가여래좌상을 중심으로 좌우에 약사여래와 아미타여래가 협시하고 있다. 삼불 사이에 관음보살과 지장보살이 협시하고 있는 5불 구성이다.

운수사 종루

남해안 108 성지순례

부산 백양산

선/암/사

선암사는 부산진구 백양산에 있는 범어사의 말사다. 절에는 맑은 감로 샘과 동천이 마르지 않고 흐른다. 선암사 창건 시기는 자료에 따라 차이 를 보인다. 신라 675년(문무왕 15년) 원효 대사(617~686년)가 창건하고 견강사(見江寺)라 하였다는 설이 있다. 한편〈선암사중수기〉에는 802년 (애장왕 3년)에 창건되었다는 기록이 있다.

선암사는 건강사였는데 1400년(정종 2년)에 이전하여 사명을 선암사 로 개명하였다. 선암사에는 대웅전·극락전·관음전·명부전·산신 각·칠성각·조사전·종각·종무소·요사 등이 있다. 대웅전은 정면 3 칸, 측면 3칸의 팔작지붕 건물이다. 안에는 최근 조성한 금동석가여래좌 상과 후불탱·신중탱·독성탱이 있다.

문화유산은 선암사 괘불탱(부산광역시 문화재자료 제27호), 선암사

선암사 삼층석탑

금고(부산광역시 문화재자료 제 37호), 선암사 삼층석탑(부산광역시 문화재자료 제53호), 목조 아미타여래좌상 및 복장 유물 일괄(부산광역시 유형문화재 제95호) 등이 있다. 괘불은 1926년에 조성된 것으로 화기에 미륵존상이라고 기록되어 있다. 왼손바닥을 위로 향하고 오른손은 시무외인으로 마치 꽃가지를 받쳐 드는 형태로 표현하고 있다.

극락전은 선암사 최초의 법당이 지어진 자리다. 불단의 목조아미타여래좌상은 조선 초기에 조성된 것으로 부산지역에서 가장 오래된 불상이라 한다. 좌우로 관세음보살과 대세지보살이 협시하고 있다. 극락전 옆과 칠성각 앞마당 사이에 석탑 부재가 놓여 있다. 현재 옥개석 3개가 남아 포개져 있다. 조각 수법으로 미루어 보아 고려 후기에 조성된 것으로 보인다. 석탑 유물은 선암사의 역사가 오래되었음을 말해준다.

〈부산교육〉(1957년)이라는 잡지에 게재된 내용에 따르면, 극락전에 철불상이 있고 150여 년 된 원효 대사 초상화가 있다고 하였다. 1966년 발간된 '부산개항 90년'의 역사와 유물을 소개하는 곳에도 철불을 언급하고 있다. 그렇다면 철불이 60년대까지도 있었던 것 같은데 지금은 행방을 알 수 없다.

　선암사에는 템플스테이 프로그램을 운영하고 있다. 내국인과 외국인
을 대상으로 주말 1박 2일 동안 진행되는 문화체험 프로그램이다. 예불
과 공양 시간을 지키며 경내를 벗어나지 않는 범위에서 자율적으로 시
간을 가지는 형태로 운영된다. 프로그램 선택을 위해 일주일 전에 예약
해야 한다.

103

부산 구계산

금
수
사

금수사는 부산광역시 동구 초량동 구계산 자락에 있는 원효종의 본산이다. 종조 원효의 통불교 이념을 받드는 종지를 가지고 있다. 임진왜란이 끝나고 1604년(선조 37년) 조선인 포로들의 귀환을 협상하기 위해 사명 대사가 일본에 가게 되었다. 그때 사명 대사가 구계산에서 하루를 머물렀는데, 이곳의 물맛을 보고 주위를 둘러보며 수도하기 좋은 자리라고 감탄하였다. 이때 사명을 따르던 한 제자가 그로부터 얼마 뒤 초암을 짓고 수행한 것이 금수사의 시작이다.

다음은 사명 대사 일화이다. 사명 대사는 임진왜란이 끝나고 일본의 전쟁 책임을 묻고 조선의 포로들을 송환하는 임무를 띠고 강화사로 갔다. 수염이 멋진 대사를 보고 도쿠가와 이에야쓰가 먼저 던졌다.

石上難生草 房中難起雲
汝疑何山鳥 來參鳳凰群
돌에는 풀이 나기 어렵고,
방안에는 구름이 일어나기 어렵거늘,
너는 도대체 어느 산에 사는 잡새이기에
여기 봉황의 무리에 끼어들었느냐?

사명 대사 진영

서산 대사 수염을 돌에 난 풀로 조선을
작은 방으로 비유하고, 대사를 잡새로 자
기를 봉황이라며 업신여긴 것이다.

서산 대사는 호탕하게 한바탕 웃고 곧 바로 붓을 들어 화답하였다.

我本靑山鶴 常遊五色雲
一朝雲霧盡 誤落野鷄群
나는 본래 청산에 노니는 학이라
항상 오색구름을 타고 놀았거늘,
하루아침에 오색구름이 사라지는 바람에
잘못하여 들 닭의 무리에 떨어졌도다.

사명 대사는 통쾌하게 뒤집어 도쿠가와를 들 닭으로 꾸짖은 것이다.
되치기당한 도쿠가와는 대사가 큰 인물임을 알아보고 존경심을 내어 대
사의 요구를 모두 들어주었다. 그리하여 3,000명의 포로를 데리고 귀국

하였다.

민간에 전하는 사명 대사 설화도 여러 편이 있다. 어릴 적 들은 이야기 한 편. 사명 대사의 도력을 시험하기 위해 방에 가두고 불을 지펴 죽이려 했다. 다음 날 아침 방문을 열어보니 대사는 수염에 고드름이 주렁주렁 달린 채 살아 있었다.

금수사는 6·25전란 때 피난민들에게 거처를 내어주고 식사를 제공하였다. 많은 사람이 모여들어 경내가 좁아 교육청 소유 산림과 주변 토지를 매입하여 확장하였다. 1910년 화엄사의 동호 스님이 이곳의 옛 사적을 추모하여 전각을 짓고 금수정사라는 이름으로 중창하였다. 그 뒤를 이어 동호 스님의 제자인 석봉 스님이 1923년부터 주석하다가 해인사에 있던 법홍 스님(1915~2003년)에게 위임하였다.

법홍 스님은 금수사를 부흥시킨 중심 인물이다. 스님은 1923년 안양 삼막사에서 출가하여 1930년 금강산 유점사와 건봉사에서 수행하고 일본 입정대학 종교과를 수료했다. 1950년 한국전쟁 때 해인사 원주로 있으면서 북한군이 팔만대장경을 반출하려 하자 위협을 무릅쓰고 버티며 수호하였다.

내가 법홍 스님을 금수사에서 만난 때는 1991년으로 기억된다. 스님은 53세 때 일본에서 밀교 수행을 120일간 마친 후, 2년 뒤 다시 100일 동안 280곳의 절을 참배하는 수행을 마쳐서 일본 불교계를 놀라게 하였다는 이야기를 들려주었다. 그때 들은 이야기 중 지금도 기억에 생생하게 남는 이야기가 있다.

스님이 일본 절을 순례하면서 하루는 천태종 큰스님과 함께 여관에 들

원효대사 동상 　　　　　　　　　　　　　 금수사 호국영각

었다. 서로 목욕을 먼저 하라고 권하다가 법흥 스님이 먼저 욕실에 들어 갔다. 스님은 일본에서 유학하면서 '조센징'이라고 업신여기는 말을 듣 고 살았기 때문에 자존심에 상처가 남아있었다. 스님은 목욕을 마치고 물 한 방울 없이 수건으로 말끔히 닦아 처음 욕실 상태로 돌려놓고 나왔 다. 다음 욕실에 들어간 일본 스님은 목욕을 마치고 나와서 절을 하며 그 동안 스님에게 하대한 것을 용서해달라고 빌었다. 법흥 스님은 일본인으 로부터 한국인의 자존심을 되찾았다는 이야기를 통쾌하게 들려주었다.

　금수사의 가람 구성은 대광명전을 중심으로 대웅전과 삼성전·종 각·천불전·천왕문·일주문·관음전·불교회관·조선통신사역사관 등으로 이루어져 있다.

　대광명전은 팔작지붕에 앞면 5칸, 옆면 3칸 규모로 금동아미타여래좌

금수사 대광명전

상과 관음보살, 대세지보살좌상이 봉안되어 있다. 탱화로는 1962년 조
성한 신중탱이 있으며, 불단 주위로 크고 작은 불상들이 있다.

금수사 대웅전 석가여래좌상은 조선 후기에 제작되었다. 작은 규모의
목조상으로 고개를 앞으로 약간 숙인 자세에 항마촉지인 자세를 취하고
있다. 머리 정상부에는 납작한 팽이 모양의 계주가 독특하다. 얼굴은 방
형이며 나지막한 이목구비의 표현으로 부드럽고 차분한 인상을 준다. 법
당에는 1919년 조성한 금고와 1985년에 조성한 동종이 있다.

호국영각에는 기미독립선언의 한용운 스님을 포함한 33명과 안중
근 · 김좌진 · 안창호 · 윤봉길 등 애국지사 22명의 위패를 봉안하고 있
다. 해마다 이들을 위한 추모 법회 및 수계 법회를 봉행하고 있다. 영각
에 팔만대장경도 인출해 보관하고 있다.

104

부산 수정산

묘 심 사

묘심사는 수정산 자락 산복도로를 따라가면 만난다. 절에서 보면 부산 앞바다가 한눈에 시원하게 들어온다.

묘심사는 1888년(고종 25년) 지금의 서구 토성동에서 대성사라는 이름으로 창건하였다. 일제 강점기인 1912년부터 일본의 임제종 포교당으로 일본인이 사찰을 운영하다가 해방 후에 미군정이 기독교에 불하했다. 종교계 재산의 경우 사찰은 불교계에, 교회는 기독교계에 불하하는 것이 원칙이었으나 이 원칙은 지켜지지 않았다. 미군정이 복음화를 통한 남한의 복속을 꾀하여 상당수 불교 사찰을 교회에 불하했던 것이다.

1960년 무렵 뜻있는 몇몇 신도가 당시 방치된 범종과 종각, 관음보살좌상과 지장보살좌상을 지금의 자리로 옮겨다 놓았다. 이때 절 이름도 묘심사로 바꾸었다. 1960년대 말 비구니 대각 스님이 많은 불사를 거듭하여 현재의 모습을 갖추게 되었다.

묘심사 경내에는 대웅전과 삼성각, 종각 등이 있다. 대웅전은 정면 5칸, 측면 3칸의 익공식 팔작지붕이다. 대웅전에는 금동석가여래좌상을 관음보살, 대세지보살이 좌우 협시하고 있다. 또 1946년 제작한 지장시왕도와 신중도가 있다. 대웅전 앞에 일본식 석탑이 있다.

묘심사 일본식 석탑

대웅전 옆으로 유리 보호각 안에 동자를 안은 지장보살 입상이 있다. 세상의 빛을 보지 못한 태아영가를 천도하는 뜻으로 조성한 태령지장보살상이다. 태아영가 천도 지장신앙은 일본의 미즈꼬(水子)신앙과 통한다. 일본의 사찰이나 마을의 곳곳에 태아영가 천도를 위해 붉은 턱받이 천을 목에 두른 아기지장을 많이 볼 수 있다.

묘심사 태령지장보살

남해안 108 성지순례

묘심사 종각

그 뒤편 계단 위로 삼성각이 있다. 삼성각 내에 칠성도·산신도와 근대에 제작된 것으로 보이는 높이 30㎝의 석조불상이 있다. 대웅전과 지장보살 입상 맞은편으로 종각이 있다. 1892년 조성된 범종과 종각을 토성동 대성사에서 해체한 후 그대로 옮겨 복원한 건물이다.

105

부산 팔금산

연등사

연등사는 부산 동구 좌천동 팔금산(수정산)에 있다. 연등사 창건에 대해서 전해지는 기록이나 문헌은 없다. 절에 내려오는 이야기에는 팔금산 정기가 맺힌 명당 터에 1860년대 한 스님이 초암을 짓고 포교한 것이 시작이었다고 한다. 1882년(고종 19년) 덕산 스님이 주석하면서 지금의 대웅전과 삼성각 · 요사채 등을 짓고 연등사라 하였다.

대웅전은 정면 3칸, 측면 3칸의 익공식 팔작지붕 건물이다. 연등사 대웅전은 특이하게도 'ㄱ'자 구조를 하고 있다. 영단과 요사로 사용되던 입구 쪽 건물과 연결되어 있어 이를 통틀어 대웅전으로 부르고 있다. 이에 따라 '대웅전'과 '연등사'라는 각각의 편액을 달고 있다.

불단에는 조선시대 후기에 조성한 석가여래상과 문수 · 보현보살상이 협시불로 봉안되어 있다. 대웅전에 함께 모신 금동관음보살좌상과 지

장보살좌상 역시 양식으로 볼 때 조선 후기에 봉안한 것으로 추정된다.

대웅전 영산회상도(부산광역시 문화재자료 제33호)는 석가모니 부처님이 설법인을 한 채 결가부좌하고 있다. 후불탱 화기에는 일제 강점기인 1924년 화승 완호낙현(玩虎洛現, 1869~1933년) 스님이 독성탱·신장탱·산신탱을 함께 그려 봉안하였다고 기록했다.

대웅전 불단 좌측에 봉안된 석조지장보살좌상(부산광역시 문화재자료 제103호)도 완호 스님이 조성하였다. 불상의 밑면에 1930년에 조성하였다고 선각으로 새기고 붓글씨로 묵서하였다. 이 지장보살상은 둥근 꽃 모양 귀걸이를 제외하고 장신구를 걸치지 않아 간결하고 단순하다. 이러한 민머리형의 간결한 지장보살상은 조선 후기에 많이 조성된 보살

상의 특징이다.

관음보살좌상 뒤 천수천안만다라 안에 11면 42수 관음보살을 그린 탱화가 걸려 있다. 그밖에 지장탱·신중탱·칠성탱도 1987년에 함께 조성하였다. 연등사에는 두 개의 탑이 있다. 오층석탑은 1992년 대웅전 뒤쪽 도로 확장 공사 중에 발견되었다. 기단부 위에 탑신부가 있고 꼭대기에는 네모꼴 노반과 보주형 상륜부가 있다. 탑의 형식으로 보아 고려시대 석탑으로 추정된다. 삼층석탑은 화강암으로 1977년에 건립하였다.

106

부산 금련산

마하사

마하사는 황령산 산봉우리 가운데 하나인 금련산에 있다. 연산구청을 조금 지나 오른쪽으로 난 길에 마하사 표지판이 있다. 이 길을 따라 황령산 등산로로 올라가면 버스 종점이 나오고 여기서 비포장도로로 약 10분 정도 오르면 마하사에 닿는다.

'마하'는 산스크리트어로 '훌륭한' '존귀한' '위대한'이라는 뜻이다. 마하사는 보수공사 때 대웅전과 나한전에서 발견된 상량문에 따르면 신라에 불교를 처음 전한 아도 화상이 창건하였다고 한다.

임진왜란 때 건물이 전소된 뒤 중건과 보수를 여러 차례 하면서 법등을 이어왔다. 1965~1970년 대규모 보수공사가 이루어져 대웅전 · 응진전 · 대방 · 요사 · 식당 등을 갖추게 되었다. 마하사에는 일주문과 불이문이 없으며, 누각 형태의 범종각과 천왕문이 일주문을 대신한다.

마하사 종루   마하사 현왕도

　마하사에는 많은 문화재가 있다. 대웅전 석조석가여래삼존상(부산
광역시 문화재자료 제18호)·영산회상도(부산광역시 문화재자료 제15
호)·응진전 석조나한상(부산광역시 문화재자료 제20호)·응진전 목조
석가 여래좌상(부산광역시 문화재자료 제19호)·십육나한도(부산광역
시 문화재자료 제17호)·응진전 영산회상도(부산광역시 문화재자료 제
16호)·현왕도(現王圖)(부산광역시 유형문화재 제54호) 등이다.

　대웅전은 팔작지붕에 앞 3칸, 옆 2칸의 규모로 최근에 지었다. 대웅전
석조석가여래삼존상은 조선 후기에 제작된 불상으로 보존상태가 양호
하다. 중앙의 석가여래상을 중심으로 좌우로 제화갈라보살과 미륵보살
이 협시하고 있다. 대웅전 맞은편에 지장전이 있다. 일명 마하대복연으
로도 불리며 근래에 다시 지었다.

마하대복연에 있는 현왕도는 2003년 제작된 모사본이다. 원본은 본사인 범어사 성보박물관에 있다. 현왕도는 사람이 죽어서 사흘 만에 만나게 되는 염라대왕을 여래화한 보현왕여래와 그의 권속들을 표현한 그림이다. 구도는 산수화 병풍을 배경으로 중앙에 현왕이 탁자를 앞에 두고 앉아있다. 그 좌우로는 대륜성왕과 전륜성왕, 그리고 판관 등 모두 12명의 인물이 현왕을 향해 시립하고 있다. 이 불화는 1792년(정조 16년)에 제작하였다고 화기에 쓰여 있다.

　현존하는 현왕도 중에서 비교적 이른 시기에 속하는 작품이다. 현왕도 가운데 대표적인 것으로는 양산 통도사의 현왕도(1864년)와 강화 전등사의 현왕도(1884년), 그리고 하동 쌍계사 현왕도가 있다.

　응진전은 18세기 건물을 최근 중창하였다. 안에는 18세기 조성한 목조

마하사 대웅전

석가여래좌상을 중심으로 문수보살과 보현보살이 협시하고 있다. 불단 좌우에 십육나한상과 십육나한도가 있다. 석조나한상은 1717년 박성우라는 불자가 16구를 조성하였다고 전하는데, 12구만 원래의 것이고 도난당한 4구는 근래에 추가로 조성하였다. 나한도는 산수를 배경으로 다양한 모습의 나한을 배치하였다. 모두 4폭이었으나 3폭만 남아있다. 화기에 의하면 1910년에 조성된 것이다.

나한은 산스크리트어 Arhan의 음역 아라한을 줄인 말로, 깨달음의 경지에 이른 덕이 높은 불제자를 뜻한다. 아라한은 '공양받을 만한 자격자', '진리에 응하여 남을 깨우치게 하는 자' 즉 성자를 일컫는다. 그래서 응공(應供)·응진(應眞)·무생(無生)·무학(無學)·진인(眞人) 등으로 의역된다.

나한도는 십육나한을 많이 그리며 1폭에 1나한씩 그리거나 2~4명의 나한을 그리는 경우도 있다. 나한들의 자세와 표정도 다양하다. 특히 얼굴 모습은 때때로 이국적인 경우도 있지만 대부분 탈속한 노승의 모습이다. 표정은 근엄하거나 엄숙한가 하면 해학적이고도 인간적인 면을 풍겨 친근감을 준다.

107

부산 배산

영주암

영주암은 부산 망미동 배산 자락에 있다. 도심 속 사찰로는 드물게 한적하고 맑은 기운이 감도는 도량이다. 1850년 한 스님이 토굴을 짓고 수행하고 있었는데, 이 골짜기 이름이 토곡이어서 사람들이 토곡절이라 불렀다.

1940년경 다시 중창하면서 주변 경관이 아름답고 신선이 살았다는 영주산의 모습과 비슷하다 하여 영주암이 되었다. 1972년부터 영주암 조실 정관 스님과 주지 범산 스님이 대대적으로 중창하여 현재의 모습을 갖추었다.

1991년 불교설화 채록을 위해 학생들과 함께 영주암에 들렀을 때 정관 스님이 계셨다. 스님은 우리를 반갑게 맞아주며 온화한 미소가 마음을 편하게 해주었다. 마침 그동안 채록하고 모은 불교 설화를 어린이 동화로 엮은《불교 이야기》(창비 어린이 문고) 2권이 출간되어 가지고 갔다. 스님은 책을 보더니 너무 기뻐하셨다.

스님이 기뻐하신 데에는 그럴만한 까닭이 있었다. 스님은 이미 어린이 포

영주암 신중조각도

교를 위해《동련》이라는 잡지를 펴내고 있었다. 어린이 포교의 중요성을 느껴 불교 동화책을 펴냈다고 말하니, 더욱 칭찬하며 하루 묵어가라고 붙들었다. 대웅전 아래 1층에 있는 방에서 하룻밤 편히 지낸 기억이 생생하다. 이튿날 떠날 때는 조사 다니며 고생하지 말라고 여비까지 굳이 챙겨 주셨다.

그때는 절 주변에 주택이 없고 산비탈 길을 걸어서 올라갔던 것 같다. 30년 지나 2021년 2월 말에 다시 방문한 영주암은 다른 절이었다. 절 주변에 아파트가 들어서서 대웅전과 요사만 있었던 옛날 기억이 희미하다. 영주암은 외양만 바뀐 게 아니라 교육과 포교와 복지의 전당으로 변해 있었다.

영주암은 포교에 대한 인식이 부족한 1970년대부터 불교 중흥을 원력으로 삼아 어린이 · 중학생 · 고등학생 · 대학생 · 언론 및 사회복지 분야에 이르기까지 교화를 위한 큰 족적을 남기고 있다. 불교사회복지법인인 불국토는 다양한 복지 사업을 펴고 있다. 장애인들의 사회 복귀를

돕는 컴넷하우스, 노인요양원인 상락정배산실버빌을 비롯해 개금종합사회복지관 · 양정청소년수련관 · 양정재가노인복지센터 등의 복지 시설을 운영한다.

영주암을 순례하면서 한국 불교의 중심지인 부산지역에서 포교의 구심점 역할을 다하는 모습을 보고 정관 스님의 미소 짓는 모습을 다시 한 번 떠올린다. 정관 스님은 얼마 전 2023년 1월 26일 세납 91세로 입적하셨다.

사찰은 대웅전 · 원통보전 · 화쟁원(승방) · 삼성각 등의 전각으로 구성되어 있다. 대웅전은 1975년 세운 2층 규모의 다포계 팔작지붕 건물로 아래층은 종무소와 공양간, 위층은 법당으로 사용한다. 법당 내부 불단

영주암 원통보전

에 금동석가여래좌상과 관음보살상이 있고, 불화로 관음탱 · 지장탱 · 신중탱이 걸려 있다. 대웅전 뒤편 높은 지대에 서 있는 원통보전은 2002 년에 신축하였다. 3층 규모의 건물로 1층 대강당, 2층 선방, 3층 법당으로 구성되었다.

　법당에는 관세음보살상을 중심으로 좌우에 각각 16분씩 32응신 관음 상이 있다. 불단의 후불탱은 일반적인 후불탱과는 다르게 금강산과 부산의 절경을 담고 있다. 불단 좌우 벽면으로는 신중탱과 시왕탱이 걸려 있다. 삼성각은 정면 3칸, 측면 2칸의 팔작지붕으로, 18나한상을 비롯하여 칠성탱 · 독성탱 · 산신탱이 있다.

해동용궁사

해동용궁사는 꼭 한 번 가볼 만한 절이라고 여러 번 들었다. 기회가 없었는데 이번 성지순례에서 108번째 회향하는 순서로 넣었다. 역순으로 하면 1번 출발하는 절이 되기도 한다.

용궁사는 소문대로 많은 관광객이 찾는 명소임이 틀림없다. 내가 방문했을 때는 겨울철 평일이었는데도 입장하려는 사람들이 긴 줄을 이루고 있었다. 절 입구에 세운 12지신 석상이 이색적 분위기를 자아내 순간 중국 어느 유명한 관광지에 방문한 듯한 생각이 스쳤다. 용궁사는 바다와 용과 관음대불이 조화를 이루고 있다. 절 이름이 용궁사인 것처럼 이 절에서 용은 중요한 의미를 갖는다.

용은 불법을 호위하는 팔부신 중의 하나다. 그래서 절에 가면 용의 조각이나 그림을 많이 보게 된다. 전각의 기둥 위 공포에 처마를 떠받치는

해동용궁사 삼층석탑

용, 닫집을 옹위하는 용, 벽화에 그려진 용은 모두 불법을 보호하는 호법용을 표현한 것이다. 죽어서 극락으로 갈 때 거친 바다를 건네주는 배를 반야용선이라 한다. 사찰 벽화에 그려진 반야용선의 뱃머리는 용의 머리를 그린다. 파도치는 바다는 인간 세상, 곧 고해를 의미한다. 여기서 용궁은 수행을 통해 도달하는 깊은 깨달음의 경지이자 불성으로 비유된다. 용수보살이 용궁에서 《화엄경》을 가져왔다거나, 선재동자가 구법여행을 하고 수월관음을 만나는 장면에 용이 함께 그려지는 것도 수행과 호법용의 성격을 드러낸 상징이다.

전통문화에서 용은 출세를 보장하는 신성한 동물로 인식된다. 역사에서 왕을 용에 빗대어 임금의 얼굴을 용안이라 하고, 왕은 용을 수놓은 곤룡포를 입는다. 또 태몽으로 용꿈을 꾸면 훌륭한 자식을 낳는다고 믿거나, 과거에 급제하여 벼슬길에 오르는 것을 일러 등용문이라 한다. 불교의 용신신앙이 민간으로 흘러 들어가 우리의 고유 신앙으로 전통 문화

남해안 108 성지순례

로 자리 잡은 모습이다. 설화에서
는 외적의 침략을 막아주는 호국룡
으로 등장한다.

동해 최남단에 위치한 해동용궁
사는 고려 우왕 2년(1376년)에 공
민왕의 왕사였던 나옹 대사가 창건
하였다. 대사가 경주 분황사에서
수도할 때 나라에 큰 가뭄이 들어
곡식과 풀이 말라 죽고 인심이 흉
흉하였다. 하루는 꿈에 동해용왕이

해동용궁사 용문석굴

나타나 말하기를 "봉래산 끝자락에 절을 짓고 기도하면 가뭄이나 바람으

해동용궁사 순례자들

211

로 근심하는 일이 없고, 나라가 태평할 것이다."라고 하였다.

이에 대사가 이곳에 절을 짓고 산 이름을 봉래산, 절 이름을 보문사라 하였다. 그 후 임진왜란 때 절이 불타서 없어졌다. 1930년대 초 통도사의 운강 스님이 중창하였다. 1974년 정암 스님이 관음도량으로 복원할 것을 발원하고 백일기도를 하는데, 꿈에서 흰옷을 입은 관세음보살이 용을 타고 승천하는 것을 보았다. 그래서 절 이름을 해동용궁사로 바꾸었다.

현존하는 건물은 대웅전을 비롯하여 굴법당 · 용왕당(용궁단) · 범종 각 · 요사채 등이 있다. 대웅전 옆에 있는 굴법당인 미륵전은 창건 때부 터 미륵좌상 석불을 모셨다. 이 미륵에게 자손이 없는 사람이 기도하면 자손을 얻게 된다고 하여 득남불이라고 부른다.

대웅전 앞에는 삼층석탑이 있다. 원래 이 자리에는 3m 높이의 바위

해동용궁사 와불

(미륵바위)가 있었는데 임진왜란 때 절이 폐허가 되고 6·25전쟁 때 해안경비대가 주둔하며 파괴되었다. 1990년 부서진 조각을 모으고 손상된 암벽을 보축하여 이 석탑을 세우고 스리랑카에서 가져온 불사리 7과를 봉안하였다.

절 입구에는 교통안전기원탑과 108계단이 있고, 계단 초입에 달마상이 있다. 용문석굴을 지나 108돌계단을 내려가면 왼쪽으로 약사여래석불이 모셔져 있다. 조금 더 가면 해가 제일 먼저 뜨는 일출암이 있다. 이 밖에 단일 석재로는 한국 최대의 석상인 약 10m 높이의 해수관음대불과 동해 갓바위 부처라고도 하는 약사여래불이 있다.

순례기를 마무리하며

성지순례를 계획한 내 생각과 의도는 구법여행이었다. 진리를 구하기 위해 길을 떠난 남순동자가 되어보는 것이 첫 번째 목적이었다. 머리를 깎고 수행자가 되지 못한 아쉬움을 성지순례를 통해 간접이나마 체험하고 싶었다.

나는 고등학교 2학년 때 효봉 스님이 입적하고 53과의 사리가 나왔다는 기사를 컬러 사진으로 보고 놀라움과 함께 큰 의문을 가졌다. 그 이후로 불교 관련 서적을 구해서 읽으며 불교를 제대로 알려면 출가해야 한다는 결론에 이르렀다. 일단 집을 떠났으나 그 당시까지만 해도 불교는 포교가 체계화되지 못해서 마땅히 어디로 가야 할지 몰라 되돌아와 출가 아닌 가출로 끝나고 말았다. 30년 지나 동아일보사에서 《효봉스님일대기》 집필 의뢰를 받은 것은 우연이 아니라 스님과의 인연이라고 생각한다. 세상에 다시 태어나서 제일 하고 싶은 것이 무엇이냐 물으면 서슴없이 출가라고 답할 것이다. 이번 순례는 그러니까 출가 수행자 되어보기였다.

3년에 걸쳐 성지순례를 하는 동안은 살아온 삶의 궤적을 되돌아

보며 반성하고 용서를 구하는 시간이었다. 게으르고 투철하지 못한 성격, 떳떳하고 당당하게 살지 못한 부끄러운 삶을 되돌아보았다. 그리고 인연 있는 모든 이들에게 특히 가족에게 아들로서 아비와 남편으로서 제구실을 하지 못한 회한이 가슴을 후벼 팠다.

순례길이 나처럼 인생의 후반에 들어선 사람들에게 삶을 되돌아보고 성찰하는 길이라면, 젊은이들에게는 순례길 고행이 인생을 설계하며 각오를 다지는 기회가 될 것이다. 어떤 일을 하다가 실패하거나 좌절했을 때, 대인관계가 잘 풀리지 않거나 배신당한 경우, 인생의 방향을 새롭게 설계하고자 하는 사람이라면 순례길 걸으며 반드시 해답을 얻을 수 있으리라고 확신하며 추천한다.

다음으로 순례 길에서 얻은 수확은 미처 알지 못한 역사를 체험하는 기회였다. 남해안은 임진왜란과 정유재란으로 큰 피해를 입은 곳이다. 가는 곳마다 유적지가 남아 있고, 천대받던 불교가 나라를 구하기 위해 제일 선봉에 서서 목숨을 던졌다는 사실을 눈으로 보고 확인하였다.

또 하나 중요한 소득은 문화의 가치와 보존의 중요성을 체감했다는 것이다. 불교가 우리 민족 문화를 보존하는데 얼마나 큰 공헌을 했는지 새삼 느꼈다. 불교가 민족의 정신적 지주가 되어 오늘까지 이어온 맥락을 짚어보는 현장이었다. 폐사지에서 소리 없이 들려오는 선조들의 말을 듣고, 여러 가지 생각과 느낌이 가슴 속으로 밀려왔다. 사찰 건축과 불상이나 탑 같은 조형물, 단청과 벽화, 꽃살문 같은 우수한 문화재들을 통해 조상들의 숨결을 느낄 수 있었던 기회는 행운이었다.

《남해안 108 성지순례》는 2019년 10월 28일에 출발하여 약 3년에 걸쳐 마쳤다. 예기치 못한 코로나 때문에 지연되었고, 확인을 위해 재방문하는 일이 생겨 시간이 지연된 것이다. 결국 108성지를 두 차례에 걸쳐서 순례하게 되었다. 한번은 자동차로 한번은 도보로 돌았는데, 한꺼번에 이어서 하지 못하고 몇 구간으로 나누어서 순례하였다.

순례길 총 길이는 도보 1,320km, 자동차 1,600km 내외가 된다.

순례에 걸리는 시간은 사람에 따라 약간의 차이가 있겠지만 도보 60일 전후, 자동차 20일 전후로 예상한다. 순례 비용은 기간을 60일로 잡으면 숙박비 약 300만 원(60일×5만 원), 식사 및 간식비 120만 원(60일×2만 원)으로 기본 경비는 450만 원 안팎이 될듯하다.

순례에서 가장 큰 애로는 숙소다. 걸어서 갈 때 중간에 숙소를 만나지 못하면 버스를 타거나 택시를 불러서 숙소까지 가야 하는 코스가 두세 곳 된다. 사찰에서 템플스테이를 제공하면 해결될 터인데, 이 문제는 성지순례가 한국 불교의 역사적 과업이라고 인식하고 종단 차원에서 풀도록 제안하고 노력할 생각이다.

건강한 남자는 1인용 텐트를 가지고 가서 마을 근처에 텐트를 치거나 마을회관 또는 경로당을 이용할 수 있다. 마을회관을 이용하면서 일정한 비용을 지불하고 숙소를 제공하는 제도가 활성화되었으면 좋겠다. 앞으로 지방자치 단체를 방문하여 이 문제를 푸른 방법을 협의하려고 한다. 성지순례 하는 사람이 많아지고 활성화되면 마을의 수익사업으로 자리잡을 수도 있을 것이다.

성지순례 계획을 세우며 미리 조사할 때 각종 문헌과 블로그에 올린 글들이 많은 도움을 주었다. 참고문헌은 수록하였는데 블로거들이 사찰을 소개하며 올린 글들은 일일이 밝히지 못했다. 블로거들에게 양해를 구하고 감사드린다.

이번에 엮은 《남해안 108 성지순례기》는 역사적으로 오늘 이 시점에서 보고 느끼고 생각한 흔적을 정리한 글이다. 이 순례기가 앞으로 이 길을 걷고자 하는 사람들에게 가이드북으로 도움이 되기를 바라는 소박한 마음을 가져본다. 100년 뒤, 또는 천년 뒤 이 길을 걸으며 많은 사람들이 나름대로 깨달은 결과를 담은 훌륭한 순례기가 반복해서 나올 것이라고 기대한다.

이 책을 엮으며 주변에서 많은 도움을 받았다. 특히 진관사 주지 법해 스님과 봉은사 주지 원명 스님은 용기와 격려를 아끼지 않으셨다. 그리고 제자들의 도움이 컸다. 한양대 서동호 부장은 사진작가로서 드론까지 띄우며 사진촬영을 해주었고, 홍기면 서울

Scholasrs 국제학교 이사장은 자료를 정리하고 마무리하는데 애를 많이 썼다. 임준성 교수는 흔쾌히 책의 제목을 써주어 책에 빛을 더했다. 출판계의 어려움에도 정기국 사장은 기꺼이 출판을 약속해 주었다. 좋은 제자들을 둔 보람을 느끼며 감사한다.

참고문헌

국립문화재연구소, 『한국의 고건축』, 1998.

국제불교도협의회, 『한국의 명산대찰』, 1982.

권상로, 『한국사찰전서』, 동국대학교 출판부, 1979.

문화재관리국, 『문화유적총람』, 1977.

문화재청, 『한국의 사지』, 2016-2019.

사찰문화연구원, 『전통사찰총서』(전남, 부산, 경남), 1996-2005.

순천시 · 순천대학교박물관, 『순천시의 문화유적』II, 2000.

이고운, 『명산고찰 따라』, 신문출판사, 1982.

이고운 · 박설산, 『명산고찰 따라』, 우진관광문화사, 1982.

이능화, 『조선불교통사』, 신문관, 1918.

이정, 『한국 불교 사찰 사전』, 불교 시대사, 1996.

이종범 외, 『여수시의 문화유적』, 여수시 · 조선대학교박물관, 2000.

조계종 총무원, 『한국의 전통 사찰』I, 2010.

조선총독부, 『조선금석총람』, 1919.

최인선 외, 『호남의 불교문화와 불교유적』, 백산서당, 1998.

한국문화유산답사회, 『답사여행의 길잡이』, 2010.

한국불교연구원, 『한국의 사찰』, 일지사, 1975.

한국학중앙연구원, 『한국민족문화대백과사전』, 1991.

화순군 · 조선 대학교 박물관, 『화순군 의 문화 유적』, 1999.

경남매일, http://www.gnmaeil.com.

국가문화유산포털, https://www.heritage.go.kr/

나무위키, http://www. namu.wiki.

네이버지식백과, http://www.naver.com

대한민국 구석구석, http://www.korean.visitkorea.or.kr

두산백과, http://www.doopedia.co.kr

문화재청, http://www.cha.go.kr

불교닷컴, http://www.bulkyo21.com.

불교타임즈, https://bud1080.tistory.com/2542

전통 사찰 종합 정보, http://www.koreatemple.net.

한국향토문화전자대전, http://www.grandculture.net/

현대불교신문, http://www.hyunbulnews.com.

남순동자 구법여행 ❷
남해안 108 성지순례

초판 1쇄 발행일 | 2023년 10월 5일

지은이 | 김용덕
펴낸곳 | 북마크
펴낸이 | 정기국
디자인 | 서용석
관리 | 안영미

주소 | 서울시 성동구 마조로 22-2, 한양대동문회관 413호
전화 | (02) 325-3691
팩스 | (02) 6442 3690
등록 | 제 303-2005-34호(2005.8.30)

SET ISBN | 979-11-981763-8-7 (세트)
ISBN | 979-11-981763-6-3 (14220)
값 | 값 16,000원

이 도서는 한국출판문화산업진흥원의 '2023년 중소출판사 출판 콘텐츠 창작 지원 사업'의 일환으로
국민체육진흥기금을 지원받아 제작되었습니다.